日商簿記

3級

HYPER TRAINING

ハイパートレーニング

渡邉圭 著
Watanabe Kei

論点別問題&模擬試験問題

中央経済社

本書の特徴と効果的な使い方

　本書は，日本商工会議所主催簿記検定試験（以下，日商簿記とします）の３級に対応した試験対策用の問題集です。日商簿記３級は，紙媒体の試験形式（統一試験）とインターネットでの試験形式（CBT方式）が併存して実施されていますが，出題範囲は同一です。本書は，テキスト学習が完了した受験生に向けて，日商簿記３級の検定試験対策用問題集として，出題範囲を網羅的に学習できるような問題，出題されやすい問題を収録しています。

　本書の特徴と効果的な使い方は次のとおりです。

１．個別の論点対策から総合的な本試験対策へ

　本書は，仕訳や決算整理に関する論点別対策の問題と，模擬試験問題８回分（１回の解答時間60分）で構成されています。まずは論点別の問題に取り組んでから模擬試験問題を演習することで，効果的な試験対策につながります。

　また，全体を最低でも２回転させることで，１回目に間違った問題を見直すことができるため，試験合格により近づきます。

２．試験に出やすい論点や苦手論点を，ピンポイントで対策

　Chapter 1 と Chapter 2 では，期中取引の仕訳と決算整理仕訳などを中心に，論点別の学習を行うことができます。期中取引の仕訳では，「基本問題【A】」，「標準問題【B】」，「応用問題【C】」の難易度と目標解答時間を示しています。そのため，試験に出やすい論点や苦手論点をピンポイントで対策でき，自分の理解度を確かめながら学習することができます。

　また，決算整理仕訳では，精算表と財務諸表の一部を作成する問題も本書に収録していますので，実際の答案用紙でどう解答するかの対策もできます。

３．証憑書類の問題にも対応

　本試験では，納品書，請求書，領収書，などといった証憑書類に関する問題も出題されます。そのため，本書では，論点別の学習と並行して証憑書類の学習も行うことができる問題も収録しており，出題範囲に対応した網羅的な試験対策が可能です。

４．出題形式に対応した模擬試験問題で，リアルな本試験対策

　Chapter 3 には，本試験での出題の可能性が高いと考えられる問題で構成した８回分の模擬試験問題を収録しています。全８回の模擬試験問題に取り組むことで，試験範囲を網羅的にカバーすることができます。配点も示していますので，実際の試験時間（60分）で解いて自己採点しましょう。本試験では70点以上が合格のため，どの回でも合格点を上回るまで繰り返すことが大切です。

５．巻末に切り取り式の答案用紙を収録

　Chapter 3 の模擬試験問題は，切り取って使える答案用紙を巻末にまとめて収録。模擬試験問題の答

案用紙と解答・解説は，㈱中央経済社の「ビジネス専門書 Online」（右の QR コードでジャンプできます）から確認したりダウンロードしたりできるので，繰り返して演習しましょう。

　本書の作成においては，千葉商科大学附属高等学校の下川慧教諭（千葉商科大学卒業生）に多大なご協力をいただきました。この場をお借りして，厚く御礼申し上げます。

　本書が日商簿記３級受験生にとって，合格への架け橋になれば幸いです。

渡邉　圭

目　次

本書の特徴と効果的な使い方

Chapter 4　解答・解説 ——————————————65

※模擬試験問題の答案用紙と Chapter 3 の解答・解説は，㈱中央経済社の「ビジネス専門書 Online」から見ることやダウンロードすることができます。下記よりアクセスしてください。

https://www.biz-book.jp/isbn/978- 4 -502-45041- 9

第一問対策

＜論点別＞仕訳問題

2

1-1　商品売買

目標時間：1回転目20分／2回転目10分
目標回答数：1回転目8問／2回転目10問

次の独立した各取引について仕訳しなさい。ただし，勘定科目は下記の語群から適当と思われるものを選び答えなさい。消費税については，指示がある取引のみ考慮すればよい。

<語　群>

現　　　　　金	当 座 預 金	普 通 預 金	売 掛 金	クレジット売掛金
受 取 商 品 券	前 払 金	仮 払 金	繰 越 商 品	仮 払 消 費 税
車 両 運 搬 具	買 掛 金	前 受 金	仮 受 金	未 払 金
仮 受 消 費 税	売　　上	仕　　入	発 送 費	支 払 手 数 料

(1)　得意先へ，商品¥3,000,000（税抜価格）を販売し，代金は現金で受け取った。これに対する消費税の税率は10%であり，取引は税抜方式により記帳する。【A】

(2)　取引先から商品¥700,000を掛けで仕入れ，引取運賃¥3,000は現金で支払った。【A】

(3)　得意先に商品¥155,000を売り渡し，代金のうち¥100,000は現金で受け取り，残額は送料¥4,000を含めて掛けとした。なお，商品は配送会社に引き渡しており，同社に支払う送料¥4,000は後日支払うこととした。【B】

(4)　商品¥2,500を掛けで販売したが，金額を¥5,200と誤って仕訳していた。【B】

(5)　商品のうち¥4,000を仕入先に返品したため，掛代金と相殺したが，その際，誤って，貸借逆に仕訳を行っていた。【C】

(6)　仕入先から商品を仕入れ，品物とともに納品書を受け取り，代金は後日支払うこととした。なお，納品書と請求書の内容は金額も含めて一致している。取引は税抜方式により記帳する。【C】

納　品　書			
株式会社船橋商事　様			千葉商大株式会社
品　物	数　量	単　価	金　額
牛肉（みすじ）	10キロ	¥1,850	¥　18,500
消費税（10%）			¥　1,850
合　計			¥　20,350

(7)　得意先に商品¥100,000をクレジット払いの条件で販売した。なお，販売代金の4%にあたる金額を信販会社へのクレジット手数料として販売時に計上し，信販会社に対する債権から控除する。【B】

(8)　取引先に3ヵ月後，商品¥250,000を購入することを約束し，手付金として現金¥35,000を支払った。【A】

(9)　さきに，得意先から注文を受けた商品¥300,000を販売し，代金のうち¥50,000は注文時に受け取った内金と相殺し，残額は現金で受け取った。【A】

(10)　かねて売上代金として受け取った自治体発行の商品券¥60,000を引き渡して換金請求を行い，ただちに同額を普通預金へ入金した。【B】

	借　方　科　目	金　額	貸　方　科　目	金　額
(1)				
(2)				
(3)				
(4)				
(5)				
(6)				
(7)				
(8)				
(9)				
(10)				

（解答は66ページ）

Chapter1

1-2	現金預金	目標時間：1回転目20分／2回転目10分 目標回答数：1回転目7問／2回転目10問

次の独立した各取引について仕訳しなさい。ただし，勘定科目は下記の語群から適当と思われるものを選び答えなさい。ただし，(8)〜(9)は口座種別と銀行名を組み合わせた勘定科目を使用して解答すること。

＜語　群＞

現　　　金	当 座 預 金	普 通 預 金	普通預金A銀行	普通預金B銀行
小 口 現 金	売 　掛 　金	定期預金A銀行	仮 払 消 費 税	買 　掛 　金
仮 受 消 費 税	売 　　　　上	受 取 利 息	仕 　　　　入	旅 費 交 通 費
通 　信 　費	水 道 光 熱 費	支 払 手 数 料	消 耗 品 費	支 払 利 息

(1)　得意先に商品¥45,000を売り渡し，代金として小切手を受け取った。【A】

(2)　得意先から売掛代金として，小切手¥40,000を受け取りただちに当座預金とした。【A】

(3)　得意先から売掛代金として，普通為替証書¥10,000を受け取った。【A】

(4)　取引先から商品¥60,000を仕入れ，代金は当店振出しの小切手を振り出して支払った。なお，当座預金残高は¥40,000（借方残高）であったが，取引銀行と借越限度額¥500,000の当座借越契約を結んでいる。【A】

(5)　得意先から売掛金¥30,000を回収し，代金として，当社が以前に振り出していた小切手を回収した。【B】

(6)　現金¥300,000を小切手を振り出して引き出した。【A】

(7)　現金¥145,000を当座預金へ預け入れた。【A】

(8)　A銀行の普通預金口座を開設し，現金¥3,000,000を預け入れた。また，口座開設と同時に当座借越契約（限度額¥1,000,000）を締結し，その担保として開設した普通預金口座から¥1,200,000をA銀行の定期預金へ預け入れた。【B】

(9)　A銀行の普通預金口座からB銀行の普通預金口座へ¥40,000を振込みにより移動した。また，振込手数料として¥200が引き落とされた。【B】

(10)　インプレスト・システムを採用している当店の小口現金係から，次のとおり報告を受け，ただちに小切手を振り出して補給した。ただし，当社は小口現金勘定を用いる方法で処理をしている。【B】

　　　　郵便切手　¥3,500　　　ノート・ボールペン　¥2,100　　　ガス代　¥4,400

	借　方　科　目	金　　額	貸　方　科　目	金　　額
(1)				
(2)				
(3)				
(4)				
(5)				
(6)				
(7)				
(8)				
(9)				
(10)				

（解答は66ページ）

Chapter1

6

1-3 債権債務

| 目標時間：1回転目20分／2回転目10分 |
| 目標回答数：1回転目8問／2回転目10問 |

次の独立した各取引について仕訳しなさい。ただし，勘定科目は下記の語群から適当と思われるものを選び答えなさい。

<語　群>

現　　　　金	当 座 預 金	受 取 手 形	電子記録債権	売 　掛 　金
貸 　付 　金	手 形 貸 付 金	支 払 手 形	電子記録債務	買 　掛 　金
借 　入 　金	手 形 借 入 金	売 　　　　上	受 取 利 息	仕 　　　　入
通 　信 　費	水 道 光 熱 費	支 払 手 数 料	消 耗 品 費	支 払 利 息

⑴ 得意先に対する売掛金¥50,000について，電子記録債権の発生記録の請求を行った。【A】

⑵ 仕入先に対する買掛金¥70,000について，電子記録債務の発生記録の請求が行われた。【A】

⑶ 電子記録債権¥50,000が当座預金に入金された。【A】

⑷ 電子記録債務¥70,000が当座預金から引き落とされた。【A】

⑸ A銀行から¥3,000,000借り入れ，利息を差し引かれた後の手取額が当座預金口座に振り込まれた。なお，借入期間は3ヵ月，利率年5％である。利息の計算は月割りで行う。【B】

⑹ 上記⑸で借り入れた¥3,000,000の返済期日が到来したため，当座預金より引き落とされた。【A】

⑺ 得意先へ¥7,300,000を貸し付け，その際，借用証書の代わりに同額の約束手形（得意先振出し）を受け取り，現金を支払った。なお，貸付期間は146日，利率年2％であり，利息は元本の返済時に回収することになっている。なお，利息の計算は日割りによる。【A】

⑻ 上記⑺で得意先から受け取った約束手形¥7,300,000の満期日が到来し，利息とともに現金で回収した。【B】

⑼ 得意先に商品¥155,000を売り渡し，代金は約束手形で受け取った。【A】

⑽ 当社振出しの約束手形¥200,000が満期日となり，当座預金から引き落とされた。【A】

	借　方　科　目	金　額	貸　方　科　目	金　額
(1)				
(2)				
(3)				
(4)				
(5)				
(6)				
(7)				
(8)				
(9)				
(10)				

（解答は67ページ）

1-4 　有形固定資産

　次の独立した各取引について仕訳しなさい。ただし，勘定科目は下記の語群から適当と思われるものを選び答えなさい。

＜語　群＞

現　　　　　金	普 通 預 金	当 座 預 金	売 　 掛 　 金	繰 越 商 品
未 収 入 金	建　　　　物	備　　　　品	車 両 運 搬 具	土　　　　地
差 入 保 証 金	買 　 掛 　 金	未 　 払 　 金	売　　　　上	受 取 家 賃
仕　　　　入	修 　 繕 　 費	支 払 手 数 料	支 払 家 賃	支 払 地 代

(1)　商品の陳列棚を購入し，代金￥200,000と引取運賃￥5,000を合わせて小切手を振り出して支払った。【A】

(2)　営業用の自動車を 1 台購入し，代金￥950,000と登録手数料など￥50,000は月末に支払うことにした。【A】

(3)　土地1,000㎡を 1 ㎡当たり￥5,000で購入し，代金は，整地費用，仲介手数料など￥300,000の諸費用とともに小切手を振り出して支払った。【A】

(4)　建物￥5,000,000を購入し，仲介手数料￥500,000と合わせて，代金のうち￥3,500,000は小切手を振り出して支払い，残額は翌月から毎月￥200,000ずつの分割払いで支払うことにした。【B】

(5)　自動車販売会社が，販売用自動車￥700,000を販売して，代金は月末に受け取ることにした。【B】

(6)　店舗の窓ガラスの取替えのための費用（原状維持費）￥20,000を現金で支払った。【A】

(7)　店舗改造（資本的支出）のため￥100,000を現金で支払った。【A】

(8)　店舗の駐車場として使用している土地の賃借料￥25,000が普通預金口座から引き落とされた。【B】

(9)　店舗の賃貸借契約にあたり，敷金￥400,000，不動産会社への手数料￥100,000， 1 ヵ月分の家賃￥100,000を普通預金口座から振り込んだ。【B】

(10)　不動産会社と賃貸借契約している店舗を解約したため，敷金￥400,000について修繕費￥187,000を差し引き普通預金へ入金された。【B】

	借 方 科 目	金 額	貸 方 科 目	金 額
(1)				
(2)				
(3)				
(4)				
(5)				
(6)				
(7)				
(8)				
(9)				
(10)				

（解答は67ページ）

Chapter1

1-5　立替金／預り金と仮払金／仮受金

| 目標時間： 1 回転目25分／ 2 回転目15分 |
| 目標回答数： 1 回転目 6 問／ 2 回転目10問 |

　次の独立した各取引について仕訳しなさい。ただし，勘定科目は下記の語群から適当と思われるものを選び答えなさい。

<語　群>

現　　　　　金	普 通 預 金	当 座 預 金	売 　掛　 金	従業員立替金
仮 　払　 金	前 受 金	仮 　受　 金	所得税預り金	社会保険料預り金
旅 費 交 通 費	法 定 福 利 費	給 　　　料	雑 　　　費	支 払 利 息

(1)　従業員に対して，給料日前に生命保険料¥5,000を一時的に現金で立て替えた。【A】

(2)　給料¥250,000の支払いに際し，源泉徴収税¥12,000，社会保険料¥16,000及び立替金¥5,000を差し引いて現金で支払った。【B】

(3)　上記(2)の源泉徴収税¥12,000を現金で納付した。【A】

(4)　上記(2)で預かった社会保険料¥16,000と企業負担分¥16,000を，合わせて現金で納付した。【A】

(5)　従業員の出張にあたり，費用概算額¥100,000を現金で支払った。【A】

(6)　従業員が出張から帰り，先に仮払いを行っていた¥100,000について次のように精算するとともに，不足額は現金で支払った。【B】

　　　　　旅費交通費¥50,000　　　　　雑費¥55,000

(7)　出張から戻った従業員から次の領収書及び報告書が提出された。従業員には出張前に¥13,000を概算払いしており，報告書の金額との差額を現金で受け取った。なお，1回¥3,000以下の電車賃は従業員からの領収書の提出を不要としている。【B】

| 領　収　書 |
| タクシー運賃¥2,300 |
| 上記のとおり領収致しました。 |
| 市川観光交通（株） |

| 領　収　書 |
| 宿泊費　シングル1名　¥7,700 |
| またのご利用お待ちしております。 |
| 市川観光ホテル |

旅費交通費等報告書
××年6月15日
商大　四郎

移動先	手段等	領収書	金　額
市川駅	電車	無	¥　1,100
千葉商株式会社	タクシー	有	¥　2,300
市川観光ホテル	宿泊	有	¥　7,700
帰社	電車	無	¥　1,100
	合　計		¥ 12,200

(8)　出張中の従業員より¥60,000の当座振込みがあったが，その内容は不明である。【A】

(9)　上記(8)で振り込まれた¥60,000の内容は，得意先の売掛金の回収¥50,000と商品の手付金として受け取った¥10,000であったことが判明した。【A】

(10)　営業活動で利用している交通料金支払用ICカードに現金¥15,000を入金し，領収書の発行を受けた。なお，入金時に仮払金として処理する方法を用いている。【B】

Chapter1

	借　方　科　目	金　額	貸　方　科　目	金　額
(1)				
(2)				
(3)				
(4)				
(5)				
(6)				
(7)				
(8)				
(9)				
(10)				

（解答は68ページ）

12

| 1-6 | 消費税／法人税等／租税公課 | 目標時間：1回転目20分／2回転目10分
目標回答数：1回転目7問／2回転目10問 |

次の独立した各取引について仕訳しなさい。ただし，勘定科目は下記の語群から適当と思われるものを選び答えなさい。

＜語 群＞

現　　　　金	普 通 預 金	当 座 預 金	売 掛 金	仮払法人税等
仮 払 消 費 税	未 収 入 金	定 期 預 金	買 掛 金	未 払 金
前 受 金	仮 受 消 費 税	未払法人税等	未 払 消 費 税	売 上
受 取 利 息	仕 入	租 税 公 課	雑 費	法人税, 住民税及び事業税

⑴ 仕入先から商品¥1,000,000（税抜価格）を仕入れ，代金は現金で支払った。これに対する消費税の税率は10％であり，取引は税抜方式により記帳する。【A】

⑵ 得意先へ，商品¥3,300,000（税込価格）を販売し，代金は現金で受け取った。これに対する消費税の税率は10％であり，取引は税抜方式により記帳する。【B】

⑶ 当社は決算にあたり，商品売買取引に係る消費税の納付額を計算し，これを確定した。なお，消費税の仮払分は¥100,000，仮受分は¥300,000であり，当社は消費税の会計処理として税抜方式を採用している。【A】

⑷ 以下の納付書に基づき，当社の普通預金口座から消費税を振り込んだ。【A】

（納付書）　領収済通知書		
科　目　消費税及び地方消費税	本　税		納期等 X80000 の区分 X90000
	○○○税		中間申告 ㊢確定申告
	△△税		
住所　千葉県船橋市○○	□□税		出納印 X9.5.31 B銀行
	××税		
氏名　株式会社船橋商事	合計額	¥200,000	

⑸ 定期預金（1年満期，利率年1％）¥15,000,000を銀行に預け入れたが，この定期預金が満期となった。この満期額に，仮払法人税等に計上する源泉徴収額（20％）控除後の受取利息勘定を加えた金額を，当座預金とした。【C】

⑹ 固定資産税¥400,000（これを4期に分けて分納）の納税通知書を受け取り，これらを全額費用計上した。このうち1期分にあたる¥100,000を現金で納付した。【B】

⑺ 収入印紙¥3,000を郵便局で購入し，現金で支払った。【A】

⑻ 以下の納付書に基づき，当社の普通預金口座から法人税を振り込んだ。【A】

（納付書）　領収済通知書			
科　目 　　　　　　　　　法人税	本　税	400,000	納期等　X80000 の区分　X90000
	○○○税		㊀中間申告　確定申告
	△△税		
住所　千葉県船橋市○○	□□税		出納印 X8.11.9 B銀行
	××税		
氏名　株式会社船橋商事	合計額	￥400,000	

(9)　決算に際し，当期分の法人税額￥1,000,000，住民税額￥225,000，事業税額￥400,000を計上した。
　　なお，当社はすでに￥400,000を中間納付しており，仮払法人税等勘定で処理してある。【A】

(10)　前期に確定した未払法人税等￥1,225,000を現金で納付した。【A】

	借　方　科　目	金　額	貸　方　科　目	金　額
(1)				
(2)				
(3)				
(4)				
(5)				
(6)				
(7)				
(8)				
(9)				
(10)				

（解答は68ページ）

1-7　株式の発行／剰余金等の配当

目 標 時 間：1回転目18分／2回転目10分
目標回答数：1回転目6問／2回転目10問

次の独立した各取引について仕訳しなさい。ただし，勘定科目は下記の語群から適当と思われるものを選び答えなさい。

<語　群>

現 金	普 通 預 金	当 座 預 金	繰 越 商 品	未 払 配 当 金
資 本 金	利 益 準 備 金	繰越利益剰余金	売 上	雑 益
仕 入	旅 費 交 通 費	通 信 費	雑 損	損 益

(1) 当社は，設立にあたって2,500株を1株当たり¥4,000で発行し，全株について引受け・払込みを受け，払込金については当座預金に入金した。【A】

(2) 当社は，事業拡張による増資にあたって500株を1株当たり¥4,000で発行した。全株について引受け・払込みを受け，払込金については普通預金に入金した。【A】

(3) 当社は，当期の定時株主総会において，繰越利益剰余金¥8,000,000を財源として次のとおり配当することを決定した。【B】

　　　　　　　　　利益準備金：¥500,000　　　配　当　金：¥5,000,000

(4) さきに開催した株主総会で承認を得た配当金¥5,000,000を，普通預金から支払った。【A】

(5) 旅費交通費勘定の借方残高¥35,000を損益勘定に振り替えた。【A】

(6) 売上勘定の貸方残高¥600,000を損益勘定に振り替えた。【A】

(7) 当社は第2期決算において，当期純利益¥6,000,000を計上したため，繰越利益剰余金勘定に振り替えた。【A】

(8) 当社は第2期決算において，当期純損失¥6,000,000を計上したため，繰越利益剰余金勘定に振り替えた。【A】

(9) 総売上高¥50,000（戻り高は¥4,000）と雑益¥500を損益勘定に振り替えた。【B】

(10) 期首商品棚卸高¥5,000，当期商品仕入高¥300,000，期末商品棚卸高¥15,000であった。仕入勘定の借方残高を損益勘定に振り替えた（決算振替仕訳のみ解答すること）。【C】

	借　方　科　目	金　　額	貸　方　科　目	金　　額
(1)				
(2)				
(3)				
(4)				
(5)				
(6)				
(7)				
(8)				
(9)				
(10)				

（解答は69ページ）

1-8	総まとめ	目標時間：1回転目20分／2回転目10分 目標回答数：1回転目8問／2回転目10問

次の独立した各取引について仕訳しなさい。ただし，勘定科目は下記の語群から適当と思われるものを選び答えなさい。

＜語　群＞

現　　　　　金	普 通 預 金	当 座 預 金	受 取 手 形	売 　 掛 　 金
クレジット売掛金	定 期 預 金	前 　 払 　 金	従業員立替金	受 取 商 品 券
仮 払 消 費 税	建 　 　 物	支 払 手 形	買 　 掛 　 金	前 　 受 　 金
未 払 配 当 金	仮 受 消 費 税	所得税預り金	売 　 　 上	仕 　 　 入
広 告 宣 伝 費	給 　 　 料	発 　 送 　 費	支 払 手 数 料	消 耗 品 費

(1)　本日の業務が終了し，売上の集計をしたところ，集計結果は次のとおりだった。また，合計額のうち￥10,000は，クレジット・カードによる売上で，残りは現金売上である。クレジット・カードの信販会社に手数料として売上代金の5％を支払い，手数料は売上集計表を作成した時点で計上し信販会社に対する債権から控除する。なお，消費税は考慮外とする。【B】

売上集計表			××年3月1日	
売上内訳	数　量	単　価	金　額	
ラタトゥイユ	10	￥　1,000	￥　10,000	
トマトのパスタ	15	￥　1,200	￥　18,000	
ドリンク	30	￥　600	￥　18,000	
	小　計		￥　46,000	

(2)　さきに開催した株主総会で承認を得た配当金￥30,000を普通預金から支払った。【A】

(3)　B銀行の普通預金￥1,000,000を定期預金に振り替えた。【A】

(4)　かねて仕入先に注文した商品￥250,000を受け取り，代金のうち￥50,000は注文時の手付金から差し引かれ，残額は掛けとした。なお，引取運賃￥3,000は現金で支払った。【B】

(5)　さきに，従業員に立て替えた￥20,000について，本日従業員から現金で返済を受けた。【A】

(6)　得意先へ商品￥150,000を売り渡し，代金のうち￥60,000は自治体発行の商品券で受け取り，残額は掛けとした。【A】

(7)　広告料の支払いとして￥90,000をB銀行の普通預金から振り込んだ。【A】

(8)　建物￥3,000,000を購入し，仲介手数料￥50,000と合わせて，代金は小切手を振り出して支払った。【A】

(9)　得意先に商品￥300,000を売り渡し，代金のうち￥100,000は同社振出しの約束手形を受け取り，残額は配送料￥3,000を含めて掛けとした。なお，この商品は配送会社に引き渡しており，同社へ配送料￥3,000を現金で支払った。【B】

(10)　取引銀行のインターネットバンキングサービスから普通預金口座のweb通帳（入出金明細）を参照したところ，次のとおりであった。そこで，各取引日において必要な仕訳を答えなさい。なお，レ

ストランチェルビアットとナオルドラッグ株式会社はそれぞれ商品の取引先であり，商品売買はすべて掛けとしている。【C】

入 出 金 明 細
（単位：円）

日付	内　容	出金金額	入金金額	取引残高
10.20	ATM 入金		50,000	
10.22	振込　ナオルドラッグ（カ	40,000		省
10.23	振込　レストランチェルビアット		29,500	
10.25	振込　給料	560,000		略
10.25	振込手数料	1,000		

10月23日の入金は，当店負担の手数料¥500が差し引かれたものである。

10月25日の給与振込額は，所得税の源泉徴収額¥40,000（所得税預り金）を差し引いた額である。

	借 方 科 目	金 額	貸 方 科 目	金 額
(1)				
(2)				
(3)				
(4)				
(5)				
(6)				
(7)				
(8)				
(9)				
(10) 10/20				
(10) 10/22				
(10) 10/23				
(10) 10/25				

（解答は70ページ）

Chapter

2

第二問・第三問対策

＜論点別＞
期中取引と
決算整理事項

合格る使い方！
☑ 問題は最低２回転して解きましょう。
☑ 勘定科目と財務諸表の表示科目の違いについて確認しましょう。
☑ 商品売買の記帳方法は三分法で処理するものとして解きましょう。
☑ 元帳の記入もできるようにしましょう。

2-1　期中取引　有形固定資産の売却

（解答は71ページ）

問題1　次の取引を仕訳しなさい。また，記帳方法は間接法により解答すること。

(1)　X6年4月1日に，備品（購入日：X4年4月1日，取得原価：¥2,000,000，減価償却方法：定額法，耐用年数8年，残存価額ゼロ）を¥800,000で売却し，代金は月末に受け取ることにした。なお，決算は年1回，3月31日である。

借　方　科　目	金　額	貸　方　科　目	金　額
(1)			

(2)　X6年7月31日に，パソコン2台（購入日：X2年4月1日，取得原価：¥300,000／台，減価償却方法：定額法，耐用年数5年，残存価額ゼロ）を¥100,000で売却し，代金は現金で受け取った。なお，当期売却時までの減価償却費も合わせて計上すること。会計期間はX6年4月1日～X7年3月31日とする（決算は年1回）。

借　方　科　目	金　額	貸　方　科　目	金　額
(2)			

2-2　決算整理事項①　期末商品棚卸高

（解答は71ページ）

問題1　次の決算整理事項によって決算整理仕訳を行い，仕入勘定及び繰越商品勘定へ転記（日付は省略してよい）しなさい。（会計期間：X2年4月1日～X3年3月31日）

＜決算整理事項＞

期末商品棚卸高は¥50,000であり，売上原価は仕入勘定で計算する。

借　方　科　目	金　額	貸　方　科　目	金　額

```
          繰　越　商　品                      仕　　　入
前期繰越    20,000                      330,000
```

問題2　次の決算整理事項によって決算整理仕訳を行い，仕入勘定，繰越商品勘定及び売上原価勘定へ転記（日付は省略してよい）して，精算表を作成しなさい。（会計期間：X2年4月1日〜X3年3月31日）

＜決算整理事項＞
期末商品棚卸高は¥50,000であり，売上原価は「売上原価」の行で計算する。

借　方　科　目	金　額	貸　方　科　目	金　額

```
          繰　越　商　品                              仕　　　　入
前期繰越    20,000                                        330,000
```

```
          売　上　原　価
```

精　算　表
X3年3月31日
（単位：円）

勘　定　科　目	試　算　表		修　正　記　入		損益計算書		貸借対照表	
	借　方	貸　方	借　方	貸　方	借　方	貸　方	借　方	貸　方
現　　　　　金	88,000							
売　掛　金	66,000							
繰　越　商　品	20,000							
買　掛　金		10,000						
資　本　金		40,000						
繰越利益剰余金		4,000						
売　　　　　上		500,000						
仕　　　　　入	330,000							
そ　の　他　費　用	50,000							
	554,000	554,000						
売　上　原　価								
当　期　純　利　益								

2-3 決算整理事項② 貸倒れ

（解答は72ページ）

問題1 次の連続する取引を仕訳しなさい。

5/8 東京株式会社に商品¥80,000を販売し，代金は掛けとした。

6/20 東京株式会社が倒産し，同店に対する当期に発生した売掛金が回収不能となった。

	借 方 科 目	金 額	貸 方 科 目	金 額
5/8				
6/20				

問題2 次の決算整理仕訳を行いなさい。

受取手形及び売掛金の期末残高それぞれ¥70,000と¥130,000に対し，4％の貸倒れを見積もった。

借 方 科 目	金 額	貸 方 科 目	金 額

問題3 次の取引を仕訳しなさい。

(1) 前期に発生した東京株式会社に対する売掛金¥20,000が回収不能となった。貸倒引当金の残高は¥30,000である。

(2) 前期に発生した東京株式会社に対する売掛金¥20,000が回収不能となった。貸倒引当金の残高は¥8,000である。

(3) 当期に発生した東京株式会社に対する売掛金¥20,000が回収不能となった。貸倒引当金の残高は¥8,000である。

	借 方 科 目	金 額	貸 方 科 目	金 額
(1)				
(2)				
(3)				

問題 4 次の取引及び決算整理事項に基づき仕訳と決算整理仕訳をしなさい。

⑴ 売上債権￥250,000に対して，実績法（差額補充法）により４％の貸倒引当金を設定する。貸倒引当金の残高は￥8,000である。

	借 方 科 目	金 額	貸 方 科 目	金 額
⑴				

⑵ 受取手形期末残高￥100,000及び売掛金期末残高￥150,000に対し，実績法に基づき差額補充法により４％の貸倒引当金を設定する。貸倒引当金の残高は￥12,000である。

	借 方 科 目	金 額	貸 方 科 目	金 額
⑵				

⑶ 前期に貸倒れ処理した売掛金のうち，￥5,000を現金で回収した。

	借 方 科 目	金 額	貸 方 科 目	金 額
⑶				

2-4 決算整理事項③ 減価償却（減価償却の計算と間接法の記帳）

（解答は73ページ）

問題 1 次の資料に基づいて，仕訳を行い各勘定へ転記（日付と締切りは省略してよい）しなさい。
（決算日：３月31日）

4 / 1 備品￥500,000を購入し，代金は手数料￥50,000とともに現金で支払った。

	借 方 科 目	金 額	貸 方 科 目	金 額
4 / 1				

3 /31 決算にあたり減価償却を行う。なお，定額法による間接法で処理し，残存価額は取得原価の10％であり，耐用年数６年とする。（年次決算）

	借 方 科 目	金 額	貸 方 科 目	金 額
3 /31				

備　　　　品　　　　　　　　　　　減価償却累計額

減 価 償 却 費

24

問題2 次の決算整理事項によって貸借対照表と損益計算書の一部を作成しなさい。会計期間は X2年4月1日～X3年3月31日とする。

＜決算整理事項＞

(1) 期末商品棚卸高は¥50,000であり，売上原価は仕入勘定で計算する。期首商品棚卸高は¥30,000であり，当期商品仕入高は¥250,000であった。

(2) 売掛金期末残高¥250,000に対し，実績法に基づいて差額補充法により4％の貸倒引当金を設定する。決算整理前残高試算表の貸倒引当金残高は¥4,000であった。

(3) 備品の取得原価¥700,000について定額法による間接法により減価償却を行う。残存価額は取得原価の10％であり，耐用年数6年とする。当該備品は当期首に取得している。

貸 借 対 照 表（一部）

X3年3月31日　　　　　　　　　　　　　　　　（単位：円）

資　　産	金　　額	負債・純資産	金　　額
⋮			
売　　掛　　金	（　　　　　）		
貸　倒　引　当　金	（△　　　） （　　　　　）		
商　　　　　品	（　　　　　）		
備　　　　　品	（　　　　　）		
減 価 償 却 累 計 額	（△　　　） （　　　　　）		
⋮			

損 益 計 算 書（一部）

X2年4月1日から X3年3月31日　　　　　　　　　　（単位：円）

費　　用	金　　額	収　　益	金　　額
売　上　原　価	（　　　　　）		
減　価　償　却　費	（　　　　　）		
貸 倒 引 当 金 繰 入	（　　　　　）		

2-5　決算整理事項④　費用・収益の前払と前受（未経過）

（解答は75ページ）

問題1　次の連続する取引を仕訳しなさい。また各勘定口座に転記（日付は省略してよい）すること。

（決算日：3月31日）

7/1　当社は1年分の家賃¥120,000を現金で支払った。

3/31　決算にあたり，当期7月1日に向こう1年分を支払った家賃の，前払分を次期に繰り延べる。

3/31　当期の支払家賃を損益勘定に振り替える。

4/1　前期末で計上した前払家賃について当期首に再振替仕訳を行った。

	借　方　科　目	金　額	貸　方　科　目	金　額
7／1				
3／31				
3／31				
4／1				

支　払　家　賃

前　払　家　賃

26

問題2 次の連続する取引を仕訳しなさい。また各勘定口座に転記（日付は省略してよい）すること。
（決算日：3月31日）

7/1 当社は，1年分の家賃¥120,000を現金で受け取った。

3/31 決算にあたり，当期7月1日に向こう1年分を受け取った家賃の，前受分を次期に繰り延べる。

3/31 当期の受取家賃を損益勘定に振り替える。

4/1 前期末で計上した前受家賃について当期首に再振替仕訳を行った。

	借方科目	金額	貸方科目	金額
7/1				
3/31				
3/31				
4/1				

受取家賃

前受家賃

2-6 決算整理事項⑤ 費用・収益の未払・未収（経過）

問題1 次の連続する取引を仕訳しなさい。また各勘定口座に転記（日付は省略してよい）すること。
（決算日：3月31日）

3/31 当社は，12月1日に元本を3年後に返済，利息は1年ごと（11月末）に支払う契約で¥500,000を借り入れた。なお，利率は年3％であり，利息未払い分を計上する。

3/31 当期の支払利息を損益勘定に振り替えた。

4/1 前期末で計上した未払利息について当期首に再振替仕訳を行った。

11/30 利払日につき，利息¥15,000を現金で支払った。

26

	借　方　科　目	金　額	貸　方　科　目	金　額
3/31				
3/31				
4/1				
11/30				

Chapter2

支　払　利　息　　　　　　　　　　　　　　　未　払　利　息

問題2　次の連続する取引を仕訳しなさい。また各勘定口座に転記（日付は省略してよい）すること。
（決算日：3月31日）

3/31　船橋商店は，12月1日に元本を3年後に返済，利息は1年ごと（11月末）に回収する契約で
　　　¥500,000を貸し付けた。なお，利率は年3％であり，利息未収分を計上する。

3/31　当期の受取利息を損益勘定に振り替えた。

4/1　前期末で計上した未収利息について当期首に再振替仕訳を行った。

11/30　利払日につき，利息¥15,000を現金で受け取った。

	借　方　科　目	金　額	貸　方　科　目	金　額
3/31				
3/31				
4/1				
11/30				

受　取　利　息　　　　　　　　　　　　　　　未　収　利　息

問題3 次の決算整理事項によって精算表（一部）を作成しなさい。会計期間はＸ２年４月１日～Ｘ３年３月31日とする。

＜決算整理事項＞
(1) 手数料の未収分が¥1,200ある。
(2) 利息の未払分が¥800ある。
(3) 保険料の前払分が¥2,000ある。
(4) 家賃の前受分が¥600ある。
(5) 給料の未払分が¥500ある。

精　算　表

X3年３月31日　　　　　　　　　　　　　　　　（単位：円）

勘 定 科 目	試 算 表 借 方	試 算 表 貸 方	修正記入 借 方	修正記入 貸 方	損益計算書 借 方	損益計算書 貸 方	貸借対照表 借 方	貸借対照表 貸 方
受 取 手 数 料		3,000						
受 取 家 賃		60,000						
保 険 料	12,000							
給 料	5,500							
支 払 利 息	1,400							
︙								
未 収 手 数 料								
未 払 利 息								
未 払 給 料								
前 払 保 険 料								
前 受 家 賃								

2-7　決算整理事項⑥　貯蔵品

（解答は77ページ）

問題　次の連続する取引を仕訳しなさい。（決算日：3月31日）

7/1　収入印紙￥20,000と郵便切手￥30,000を購入し，それぞれ現金で支払った。

3/31　決算にあたり，収入印紙の未使用高￥3,000，郵便切手の未使用高￥2,000を次期に繰り越す。

4/1　前期の決算で貯蔵品勘定に振り替えた収入印紙の未使用高￥3,000，郵便切手の未使用高￥2,000について，適当な勘定へ再振替仕訳を行った。

	借　方　科　目	金　額	貸　方　科　目	金　額
7/1				
3/31				
4/1				

2-8　決算整理事項⑦　当座借越の振替え

（解答は77ページ）

問題　次の連続する取引を仕訳しなさい。（決算日：3月31日）

3/31　決算において，当座預金勘定が￥40,000の貸方残高であるため，全額を当座借越勘定へ振り替えた。

4/1　当期首につき，前期の決算で当座借越勘定へ振り替えた￥40,000について，当座預金勘定へ再振替仕訳を行った。

	借　方　科　目	金　額	貸　方　科　目	金　額
3/31				
4/1				

2-9 決算整理事項⑧ 現金・現金過不足

（解答は77ページ）

問題 1 次の連続する取引を仕訳しなさい。

12/ 1 現金の実際有高が帳簿残高より￥10,000不足しており，原因を調査することにした。

12/ 7 12月1日の不足分のうち￥6,000は，水道光熱費勘定への記帳漏れと判明した。

12/10 現金の実際有高が帳簿残高より￥8,000過剰であり，原因を調査することにした。

12/20 12月10日の過剰分￥8,000は，手数料の記帳漏れと判明した。

12/31 かねて生じた現金過不足額￥4,000のうち，￥3,500は通信費支払いの記帳漏れと判明した。残額については原因不明につき雑損として処理する。

	借 方 科 目	金 額	貸 方 科 目	金 額
12/ 1				
12/ 7				
12/10				
12/20				
12/31				

問題 2 次の取引を仕訳しなさい。

(1) 決算にあたり，現金勘定の帳簿残高は￥50,000であり，現金の実際有高は￥51,000であった。過剰額は原因不明につき雑益として処理する。

(2) 現金の実際有高が帳簿残高より￥8,000過剰であり，原因を調査したところ，受取家賃￥9,000の未記入と通信費￥25,800を￥25,000と誤記入していたことが判明したが，残りの金額は決算になっても原因不明のため適切な科目へ振り替える。

	借 方 科 目	金 額	貸 方 科 目	金 額
(1)				
(2)				

Chapter
3

模擬試験問題

32

（解答は78ページ）

第一問

　次の独立した各取引について仕訳しなさい。ただし，勘定科目は設問ごとに最も適当と思われるものを選び，記号で答えなさい。消費税については指示がある取引のみ考慮すればよい。

(1)　かねて東京株式会社から振り出された約束手形¥355,000が満期日になり，当座預金へ入金された。

　　ア　普通預金　　イ　当座預金　　ウ　定期預金

　　エ　受取手形　　オ　支払手形　　カ　売掛金

(2)　当期首に不用となった備品（購入日：X4年4月1日　取得原価：¥500,000　減価償却累計額¥430,000　減価償却方法：定額法　耐用年数8年　残存価額ゼロ）を¥80,000で売却し，代金は月末に普通預金へ入金されることになった。

　　ア　普通預金　　イ　未収入金　　ウ　備品

　　エ　減価償却累計額　　オ　固定資産売却損　　カ　固定資産売却益

(3)　埼玉株式会社に対する売掛金¥70,000について，電子記録債権の発生記録の請求を行った。

　　ア　受取手形　　イ　電子記録債権　　ウ　電子記録債務

　　エ　売掛金　　オ　買掛金　　カ　支払手形

(4)　前期に発生した得意先の茨城株式会社に対する売掛金¥25,000が回収不能となった。貸倒引当金の残高は¥30,000である。

　　ア　受取手形　　イ　売掛金　　ウ　貸倒損失

　　エ　貸倒引当金　　オ　償却債権取立益　　カ　貸倒引当金繰入

(5)　さきに当社が約束手形を振り出して¥4,000,000を借り入れていたが，満期日が到来し，利息¥40,000とともに当座預金より引き落とされた。

　　ア　手形貸付金　　イ　当座預金　　ウ　手形借入金

　　エ　受取利息　　オ　支払利息　　カ　普通預金

(6)　当社は，設立にあたって1,500株を1株当たり¥3,200で発行することとし，全株について引受け・払込みを受け，払込金については普通預金へ入金した。

　　ア　資本金　　イ　繰越利益剰余金　　ウ　当座預金

　　エ　普通預金　　オ　利益準備金　　カ　損益

(7)　大阪株式会社に対する掛け代金¥50,000の支払いについて，普通預金から引き落として支払った。

　　ア　売掛金　　イ　買掛金　　ウ　当座預金　　エ　普通預金　　オ　受取手形　　カ　支払手形

(8)　現金の帳簿残高¥11,700，実際有高が¥15,000であったため，原因を調査することにした。

　　ア　雑損　　イ　現金過不足　　ウ　小口現金　　エ　雑益　　オ　現金　　カ　通知預金

(9)　函館株式会社から商品¥132,000（税込価格）を仕入れ，代金は掛けとした。これに対する消費税の税率は10％であり，取引は税抜方式により記帳する。

　　ア　売掛金　　イ　買掛金　　ウ　仕入　　エ　売上　　オ　仮払消費税　　カ　仮受消費税

(10)　前期末に貯蔵品勘定に振り替えた郵便切手¥3,400，収入印紙¥20,000について当期首に適切な勘定へ振り替えた。

　　ア　消耗品費　　イ　通信費　　ウ　租税公課　　エ　貯蔵品　　オ　繰越商品　　カ　仕入

⑾　従業員に対して一時的に￥5,000を立て替えて現金で支払った。

　　ア　現金　　イ　従業員立替金　　ウ　給料

　　エ　預り金　　オ　法定福利費　　カ　福利厚生費

⑿　福岡株式会社から商品を仕入れ，品物とともに納品書を受け取り，代金は後日支払うこととした。

　　なお，納品書と請求書の内容は金額も含めて一致している。

納　品　書

千葉株式会社　様

福岡株式会社

品　物	数　量	単　価	金　額
牛肉（みすじ）	10キロ	￥1,850	￥　　18,500
	消費税（10%）		￥　　1,850
	合　計		￥　　20,350

　　ア　買掛金　　イ　売掛金　　ウ　売上　　エ　仕入　　オ　仮受消費税　　カ　仮払消費税

⒀　AA銀行の普通預金￥100,000を現金で引き出した。

　　ア　現金　　イ　当座預金　　ウ　普通預金　　エ　通知預金　　オ　定期預金　　カ　預り金

⒁　建物￥5,000,000を購入し，不動産会社への手数料￥60,000とともに小切手を振り出して支払った。

　　ア　建物　　イ　土地　　ウ　当座預金　　エ　普通預金　　オ　支払手数料　　カ　支払家賃

⒂　不動産会社と賃貸借契約している店舗を解約したため，敷金￥300,000について修繕費￥187,000を差し引き普通預金へ入金された。

　　ア　当座預金　　イ　普通預金　　ウ　差入保証金　　エ　修繕費　　オ　建物　　カ　支払家賃

第二問①

　次の資料にある法人税等に関する一連の取引から①〜⑫に入る科目（摘要欄）・金額を答え元帳をそれぞれ完成させなさい。なお，会計期間はX2年4月1日〜X3年3月31日である。なお，入出金についてはすべて普通預金から行われるものとし，勘定科目は各勘定口座に示されているもので解答すること。

＜資　料＞

X2年3月末　決算にあたり法人税等￥860,000（このうち前期に中間納付として￥400,000は納付済み）と確定した。

X2年5月末　前期末に計上した法人税等の納付額について本日納付した。

X2年11月末　前期末に計上した法人税等の確定額をもとに￥350,000の中間納付を行った。

X3年3月末　決算にあたり税引前当期純利益に対して30%の税率により法人税等を計算して確定した。

仮　払　法　人　税　等

月	日	摘　要	金　額	月	日	摘　要	金　額
11	30	⑤	⑥	3	31	③	⑥

未 払 法 人 税 等

月	日	摘 要	金 額	月	日	摘 要	金 額
5	31	②	①	4	1	前 期 繰 越	①
3	31	次 期 繰 越	④	3	31	③	④

法 人 税 等

月	日	摘 要	金 額	月	日	摘 要	金 額
3	31	⑦	⑧	3	31	⑨	⑧

損　　　益

月	日	摘 要	金 額	月	日	摘 要	金 額
3	31	仕　　入	5,400,000	3	31	売　　上	⑫
	〃	その他の費用	200,000				
	〃	法 人 税 等	⑧				
		⑩	⑪				
			9,600,000				

第二問②

　次の伝票の資料に基づいて仕訳しなさい。なお，当社は３伝票制を採用している。伝票の記帳方法は取引金額を全額起票する方法と取引を分解して起票する方法で行っており，どちらの方法を採用しているかは各自推定すること。勘定科目は次の中から最も適当であると思われるものを選び記号で解答すること。

＜勘定科目＞

　　ア　現金　　イ　売掛金　　ウ　備品　　エ　未払金　　オ　売上　　カ　買掛金

＜資　料＞

（１）

入 金 伝 票	
科　目	金　額
売掛金	70,000

振 替 伝 票			
借方科目	金　額	貸方科目	金　額
売掛金	120,000	売　上	120,000

（２）

出 金 伝 票	
科　目	金　額
備品	200,000

振 替 伝 票			
借方科目	金　額	貸方科目	金　額
備　品	150,000	未払金	150,000

第三問

　会計期間を X6年 4 月 1 日～X7年 3 月31日までとする仙台商店の次の決算整理事項に基づいて，答案用紙の精算表を完成しなさい。

【決算整理事項】

⑴　仮払金は全額備品の購入金額であることが判明した。なお，備品は X6年10月 1 日に引渡しを受け，ただちに使用を始めた。

⑵　出張中の社員から受け取った仮受金は，得意先山梨商店からの売掛金の回収であることが判明した。

⑶　現金過不足につき，その原因を調査したところ旅費交通費￥2,000の記帳漏れが判明した。しかし，残額については雑損として処理をする。

⑷　期末商品棚卸高は￥380,000である。売上原価は「仕入」の行で計算すること。

⑸　受取手形及び売掛金の期末残高に対して 3 ％の貸倒引当金を差額補充法により設定する。

⑹　当座預金の貸方残高はすべて「当座借越」として処理をする。

⑺　建物及び備品について定額法によって減価償却を行う。

　　建物　　残存価額：取得原価の10％　　耐用年数30年

　　備品　　残存価額：ゼロ　　　　　　　耐用年数 5 年

　　（なお，⑴で購入した備品については月割りで減価償却を計上する）

⑻　利息は前払額が￥30,000ある。

⑼　消費税に関する処理を行った。

⑽　法人税，住民税及び事業税として￥150,000を計上する。

Chapter3

第2回　模擬試験問題 （解答は82ページ）

第一問

　次の独立した各取引について仕訳しなさい。ただし，勘定科目は設問ごとに最も適当と思われるものを選び，記号で答えなさい。消費税については指示がある取引のみ考慮すればよい。

(1) さきに開催した株主総会で承認を得た配当金¥300,000を，普通預金から支払った。

　　ア　普通預金　　イ　当座預金　　ウ　現金

　　エ　繰越利益剰余金　　オ　利益準備金　　カ　未払配当金

(2) 従業員の出張にあたり，費用概算額¥50,000を現金で支払った。

　　ア　現金　　イ　未払金　　ウ　仮払金　　エ　旅費交通費　　オ　立替金　　カ　仮受金

(3) BB銀行の普通預金¥1,000,000を定期預金に振り替えた。

　　ア　繰越利益剰余金　　イ　利益準備金　　ウ　通知預金

　　エ　普通預金　　オ　当座預金　　カ　定期預金

(4) 本日の業務が終了し，売上の集計をしたところ，集計結果は次のとおりだった。また，合計額のうち¥40,000は，クレジット・カードによる売上で，残りは現金売上である。クレジット・カードの信販会社に手数料として売上代金の4％を支払い，手数料は売上集計表を作成した時点で計上し信販会社に対する債権から控除する。

<table>
<tr><td colspan="4" align="center">売上集計表</td></tr>
<tr><td colspan="4" align="right">××年3月1日</td></tr>
<tr><td align="center">売　上　内　訳</td><td align="center">数　量</td><td align="center">単　価</td><td align="center">金　額</td></tr>
<tr><td>牛肉みすじステーキ</td><td align="center">15</td><td align="right">¥　2,000</td><td align="right">¥　30,000</td></tr>
<tr><td>ペペロンチーノ（パスタ）</td><td align="center">20</td><td align="right">¥　1,200</td><td align="right">¥　24,000</td></tr>
<tr><td>ドリンク</td><td align="center">60</td><td align="right">¥　600</td><td align="right">¥　36,000</td></tr>
<tr><td colspan="3" align="center">小　　計</td><td align="right">¥　90,000</td></tr>
</table>

　　ア　クレジット売掛金　　イ　仕入　　ウ　売上

　　エ　受取手数料　　オ　支払手数料　　カ　現金

(5) 函館株式会社から商品¥300,000（税抜価格）を仕入れ，代金は消費税も含めて現金で支払った。これに対する消費税の税率は10％であり，取引は税抜方式により記帳する。

　　ア　現金　　イ　売掛金　　ウ　買掛金　　エ　仕入　　オ　仮払消費税　　カ　仮受消費税

(6) 土地¥3,000,000を購入し，仲介手数料¥50,000と合わせて，代金は小切手を振り出して支払った。

　　ア　建物　　イ　土地　　ウ　当座預金　　エ　普通預金　　オ　支払手数料　　カ　支払家賃

(7) 売掛金¥160,000（当期発生分）が，茨城株式会社の倒産により代金が回収不能となった。貸倒引当金残高は¥250,000である。

　　ア　売掛金　　イ　買掛金　　ウ　貸倒引当金繰入

　　エ　貸倒損失　　オ　貸倒引当金　　カ　償却債権取立益

(8) かねて大阪株式会社に注文した商品¥325,000を受け取り，代金のうち¥70,000は注文時の手付金か

ら差し引かれ，残額は掛けとした。なお，引取運賃￥5,000は現金で支払った。

　　ア　前払金　　イ　前受金　　ウ　仕入　　エ　発送費　　オ　現金　　カ　買掛金

(9)　東京株式会社から掛け代金￥50,000を，送金小切手で回収した。

　　ア　売掛金　　イ　買掛金　　ウ　仕入　　エ　売上　　オ　現金　　カ　当座預金

(10)　福岡株式会社の買掛金￥300,000について，電子記録債務の発生記録が行われた。

　　ア　電子記録債権　　イ　電子記録債務　　ウ　売掛金

　　エ　買掛金　　オ　仕入　　カ　未払金

(11)　東京株式会社に貸し付けた￥1,825,000の返済期日が到来したため，元本と利息を含めて普通預金に入金された。利息については年利率1.2％，貸付期間200日，1年365日の日割計算で行う。

　　ア　貸付金　　イ　借入金　　ウ　支払利息　　エ　受取利息　　オ　普通預金　　カ　当座預金

(12)　さきに，従業員に立て替えた￥20,000について，本日従業員から現金で返済を受けた。

　　ア　現金　　イ　従業員立替金　　ウ　給料

　　エ　預り金　　オ　法定福利費　　カ　福利厚生費

(13)　当期の決算に未使用の郵便切手￥1,200と収入印紙￥30,000について，適切な勘定へ振り替えた。

　　ア　消耗品費　　イ　通信費　　ウ　租税公課　　エ　貯蔵品　　オ　繰越商品　　カ　仕入

(14)　当期首に，不用となった備品（購入日：X1年4月1日，取得原価：￥300,000，減価償却累計額￥200,000，減価償却方法：定額法，耐用年数6年，残存価額ゼロ）を￥50,000で売却し，代金は現金で受け取った。

　　ア　現金　　イ　未収入金　　ウ　備品

　　エ　減価償却累計額　　オ　固定資産売却損　　カ　固定資産売却益

(15)　かねて当社が振り出した約束手形￥200,000の満期日が到来したため当座預金から引き落とされた。

　　ア　普通預金　　イ　当座預金　　ウ　定期預金

　　エ　受取手形　　オ　支払手形　　カ　売掛金

第二問①

　次の資料の固定資産に関する一連の取引から元帳を完成させ，①〜⑫に当てはまる用語と金額を答えなさい。なお，会計期間は X8年4月1日〜X9年3月31日である。なお，入出金についてはすべて普通預金から行われるものとする。なお，元帳の解答欄はすべて埋まるとは限らない。備品の減価償却は残存価額ゼロの定額法で処理している。

＜資　料＞

取得日	品目	耐用年数	取得原価	期首減価償却累計額	当期の減価償却費
X3年4月1日	備品A	6年	￥2,100,000	￥1,750,000	？？？
X6年4月1日	備品B	4年	￥500,000	？？？	？？？
X8年12月1日	備品C	5年	￥2,250,000	？？？	？？？

(1)　備品Aは耐用年数が経過後にも使用されるため，帳簿価額￥1となるように当期の減価償却を行う。

(2)　備品Bは当期の6月末に￥225,000で売却を行った。

(3)　備品Cは当期に取得したものであり，減価償却は月割計算により行う。

備　　　　品

月	日	摘　　要	金　　額	月	日	摘　　要	金　　額
4	1	前期繰越	①	6	30	②	③
12	1	④	⑤	3	31	⑥	⑦

備品減価償却累計額

月	日	摘　　要	金　　額	月	日	摘　　要	金　　額
6	30	②	⑨	4	1	前期繰越	⑧
3	31			3	31	⑩	⑪

固定資産売却（　　　）

月	日	摘　　要	金　　額	月	日	摘　　要	金　　額
				6	30	②	⑫

第二問②

次の文章に入る適切な用語を下記の語群から選び記号で答えなさい。

(1) 次の式について計算が一致しないのは試算表の（　①　）である。

(2) 商品有高帳や現金出納帳などの帳簿を総称して（　②　）という。

(3) 決算整理前残高試算表の繰越商品の金額は（　③　）である。

(4) 決算のみ行う処理は（　④　）処理である。

　＜語群＞

　ア　借方合計－貸方合計＝利益　　イ　収益額－費用額＝利益　　ウ　主要簿　　エ　補助簿

　オ　期首商品　　カ　期末商品　　キ　現金過不足　　ク　利益を繰越利益剰余金に振り替える

第三問

次の資料に基づいて貸借対照表と損益計算書を作成しなさい。なお，会計期間は X2年 4 月 1 日～X3 年 3 月31日とする。

決算整理前残高試算表

借　方	勘定科目	貸　方
732,000	現　　　　　金	
12,050,000	当　座　預　金	
764,000	売　　掛　　金	
	貸　倒　引　当　金	3,500
800,000	繰　越　商　品	
1,000,000	仮　払　消　費　税	
700,000	備　　　　　品	
	減価償却累計額	350,000
8,676,000	土　　　　　地	
	買　　掛　　金	850,000
	借　　入　　金	9,800,000
	仮　受　消　費　税	1,200,000
	資　　本　　金	11,000,000
	繰越利益剰余金	842,500
	売　　　　　上	12,000,000
10,000,000	仕　　　　　入	
700,000	給　　　　　料	
156,000	水　道　光　熱　費	
64,000	保　　険　　料	
43,000	通　　信　　費	
300,000	支　払　家　賃	
61,000	支　払　利　息	
36,046,000		36,046,000

＜決算整理事項等＞

(1) 現金の実際有高は¥716,000であった。帳簿残高との差額を調査したところ，¥8,400は通信費の記入漏れであったことが判明した。しかし，残額については原因が不明であった。

(2) 売掛代金¥248,000が当座預金に入金されたが，誤って¥284,000と記帳していた。

(3) 光熱費¥14,000が当座預金口座から引き落とされたが未記帳であった。

(4) 売掛金期末残高に対して 2 ％の貸倒引当金を設定する（差額補充法）。

(5) 期末商品棚卸高は¥696,000であった。

(6) 備品について残存価額ゼロ，耐用年数 8 年により定額法で減価償却を行う。なお記帳方法は間接法によること。

(7) 消費税について税抜方式により処理しており，決算につき消費税額の納付額を確定した。

(8) X2年 6 月 1 日に取引銀行から¥600,000を借り入れており，借入期間 1 年，利率年 5 ％，利払日11月末，5 月末の年 2 回である。利息は利払日ごとに 6 ヵ月分を支払う。

(9) 支払家賃¥300,000は X2年11月 1 日に向こう 6 ヵ月分を支払ったものである。

(10) 未払法人税等¥187,000を計上した。

第3回　模擬試験問題 (解答は86ページ)

第一問

　次の独立した各取引について仕訳しなさい。ただし，勘定科目は設問ごとに最も適当と思われるものを選び，記号で答えなさい。消費税については指示がある取引のみ考慮すればよい。

(1) 決算につき，期中で現金の実際有高が帳簿残高より¥30,000不足していたため，現金過不足勘定で処理していたが，原因を調査したところ，旅費交通費の支払額¥24,000が記入漏れであることが判明した。なお，残額は原因不明のため雑損として処理する。

　　ア　雑損　　イ　雑益　　ウ　現金過不足　　エ　旅費交通費　　オ　仮払金　　カ　現金

(2) 大阪株式会社から商品¥15,000を仕入れ，送金小切手で支払った。

　　ア　普通預金　　イ　当座預金　　ウ　仕入　　エ　売上　　オ　現金　　カ　前払金

(3) 函館株式会社に商品¥240,000を注文し，手付金として¥40,000を小切手を振り出して支払った。

　　ア　普通預金　　イ　当座預金　　ウ　仕入　　エ　売上　　オ　前払金　　カ　前受金

(4) 信販会社より債権額から決済手数料を差し引かれた残額¥18,000が当座預金口座へ入金された。

　　ア　クレジット売掛金　　イ　前受金　　ウ　当座預金

　　エ　普通預金　　オ　支払手数料　　カ　現金

(5) 当社は埼玉株式会社に対する売掛金¥4,000の受取りに電子記録債権を用いることとし，取引銀行を通じて債権の発生記録を行った。

　　ア　現金　　イ　売掛金　　ウ　電子記録債権　　エ　電子記録債務　　オ　買掛金　　カ　売上

(6) 当社は茨城株式会社に現金¥90,000を貸し付け，同額の約束手形を受け取った。

　　ア　現金　　イ　手形貸付金　　ウ　手形借入金

　　エ　普通預金　　オ　受取利息　　カ　支払利息

(7) かねて，埼玉株式会社から売上代金として受け取った自治体発行の商品券¥10,000を引き渡して換金請求を行い，ただちに同額がＡＡ銀行の普通預金口座に振り込まれた。

　　ア　売掛金　　イ　受取手形　　ウ　受取商品券　　エ　普通預金　　オ　現金　　カ　当座預金

(8) 建物の改修工事を行い，現金で支払った。なお，改修工事のうち¥30,000は原状の維持（収益的支出）であり，¥60,000は資本的支出である。

　　ア　現金　　イ　建物　　ウ　土地　　エ　修繕費　　オ　差入保証金　　カ　支払家賃

(9) 前期に貸倒れとして処理した茨城株式会社に対する売掛金¥100,000が回収され，当座預金に振り込まれた。

　　ア　売掛金　　イ　貸倒引当金　　ウ　貸倒損失

　　エ　貸倒引当金繰入　　オ　償却債権取立益　　カ　当座預金

(10) 事務機器（取得原価¥360,000，残存価額ゼロ，耐用年数5年，償却方法：定額法，記帳方法：間接法）を3年間使用してきたが，4年目の期首に¥100,000で売却し，代金は現金で受け取った。

　　ア　備品　　イ　現金　　ウ　減価償却累計額

　　エ　減価償却費　　オ　固定資産売却益　　カ　固定資産売却損

(11) 郵便局で収入印紙¥1,800を購入し，代金は現金で支払った。

　　ア　貯蔵品　　イ　現金　　ウ　租税公課　　エ　通信費　　オ　預り金　　カ　立替金

⑿　決算にあたり，消費税の納付額を計算し，これを確定した。なお，当期の消費税仮払分は¥80,000，
消費税仮受分は¥240,000であり，消費税は税抜方式で記帳処理している。

　　ア　仮払金　　イ　仮受金　　ウ　仮払消費税

　　エ　仮受消費税　　オ　未払消費税　　カ　未払金

⒀　通信費勘定において借方残高¥5,000を損益勘定に振り替えた。

　　ア　旅費交通費　　イ　繰越利益剰余金　　ウ　損益

　　エ　仮払金　　オ　資本金　　カ　通信費

⒁　給料¥200,000を支払い，源泉所得税¥20,400を差し引き，残額を現金で支給した。

　　ア　現金　　イ　所得税預り金　　ウ　社会保険料預り金

　　エ　給料　　オ　法定福利費　　カ　租税公課

⒂　以下の納付書に基づき，当社の当座預金口座から法人税を振り込んだ。

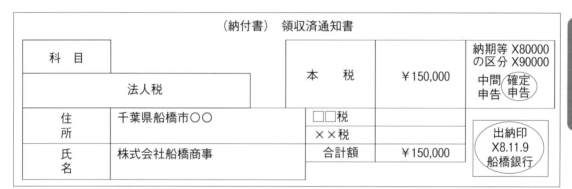

（納付書）　領収済通知書				
科　目		本　税	¥150,000	納期等 X80000 の区分 X90000
法人税				中間申告　確定申告
住所	千葉県船橋市〇〇	□□税		出納印 X8.11.9 船橋銀行
		××税		
氏名	株式会社船橋商事	合計額	¥150,000	

　　ア　普通預金　　イ　当座預金　　ウ　仮払法人税等

　　エ　法人税，住民税及び事業税　　オ　現金　　カ　未払法人税等

第二問①

　　A社に関する問題である。総勘定元帳の①〜⑫に当てはまる用語と金額を答えなさい。なお，損益勘定を締め切り，当期純利益を計算すること。入出金はすべて普通預金から行っている。（会計期間：X1年4月1日〜X2年3月31日）

6/1　株主総会において繰越利益剰余金を財源として株主に対して配当金（5,000株＠¥30）を処分し，利益準備金¥15,000を積み立てた。

10/5　株式1,500株を1株当たり¥600で発行した。

3/31　決算にあたり，税引前当期純利益の30％を法人税，住民税及び事業税として計上する。なお，中間申告はないものとする。

損		益			（単位：円）
3／31	仕　　　　入	800,000	3／31	売　上　高	1,750,000
〃	給　　　料	130,000	〃	受取手数料	70,000
〃	減 価 償 却 費	50,000			
〃	そ の 他 費 用	240,000			
〃	法 人 税 等	（ ① ）			
〃	（ ② ）	（ ③ ）			

繰越利益剰余金					（単位：円）
（6／1）	（ ④ ）	（ ⑤ ）	4／1	前 期 繰 越	1,800,000
（3／31）	（ ⑧ ）	（ ⑨ ）	（3／31）	（ ⑥ ）	（ ⑦ ）

利 益 準 備 金					（単位：円）
（3／31）	（　　）	（　　）	4／1	前 期 繰 越	130,000
			（6／1）	（　　）	（ ⑩ ）

資 本 金					（単位：円）
（3／31）	（　　）	（　　）	4／1	前 期 繰 越	2,000,000
			（10／5）	（ ⑪ ）	（ ⑫ ）

第二問②

　F商店は，取引を記帳するにあたって，主要簿のほかに答案用紙に示した補助簿を用いている。次の取引はどの補助簿に記入されることになるか。答案用紙の該当する補助簿にチェック（☑）をしなさい。

(1) 得意先に商品￥400,000を販売し，代金は当社振出しの小切手で受け取った。

(2) 販売用の自動車￥3,000,000を購入し，代金のうち，￥1,000,000は現金で支払い，残りは月末に支払うことにした。

(3) さきに商品の仕入時に振り出した小切手が無事に決済されたと銀行から連絡を受けた。

(4) 決算にあたり現金の実際有高が￥12,000であり帳簿残高￥15,000との差額のうち￥2,000は印紙代の支払いであることが判明し，残りは原因が不明であった。

第三問

　次の資料に基づいて貸借対照表と損益計算書を作成しなさい。（会計期間：X2年4月1日～X3年3月31日）

決算整理前残高試算表

借　方	勘定科目	貸　方
555,000	現　　　　　金	
6,000	現 金 過 不 足	
12,050,000	普 通 預 金	
764,000	売　　掛　　金	
	貸 倒 引 当 金	2,000
650,000	繰 越 商 品	
643,500	仮 払 消 費 税	
9,000,000	建　　　　　物	
	建物減価償却累計額	3,600,000
1,800,000	備　　　　　品	
	車両減価償却累計額	2,100,000
8,676,000	土　　　　　地	
	買　　掛　　金	750,000
	借　　入　　金	9,900,000
	仮　　受　　金	64,000
	仮 受 消 費 税	1,200,000
	資　　本　　金	10,000,000
	繰 越 利 益 剰 余 金	6,172,500
	売　　　　　上	12,000,000
	受 取 手 数 料	180,000
8,000,000	仕　　　　　入	
600,000	給　　　　　料	
256,000	水 道 光 熱 費	
64,000	保　　険　　料	
43,000	通　　信　　費	
300,000	支 払 家 賃	
61,000	支 払 利 息	
2,500,000	固 定 資 産 売 却 損	
45,968,500		45,968,500

＜決算整理事項等＞

(1) 現金過不足のうち¥5,000は通信費の記入漏れであったことが判明した。しかし，残額については原因が不明であった。

(2) 仮受金の全額は掛代金の回収であることが判明した。

(3) 当期首に車両を売却し，代金は現金で受け取ったが次のような処理をしていた。

　(借) 現　　　　　金　　500,000
　　　　固定資産売却損　2,500,000
　(貸) 車　　　　　両　3,000,000

(4) 売掛金期末残高に対して2％の貸倒引当金を設定する（差額補充法）。

(5) 期末商品棚卸高は¥705,000であった。

(6) 次の固定資産について残存価額ゼロ，定額法により減価償却を行う。

　建物　耐用年数30年

　備品　耐用年数5年

　なお，備品はすべて当期の8月1日に取得して使用を開始しており，減価償却は月割計算で行う。

(7) 消費税は税抜方式により処理しており，決算につき消費税額の納付額を確定した。

(8) 保険料の前払額¥12,000である。

(9) 受取手数料はすべて当期の12月1日に向こう1年分を受け取ったものである。

(10) 法人税，住民税及び事業税¥550,000を計上した。なお，仮払法人税等はなかった。

第4回 模擬試験問題 <small>(解答は91ページ)</small>

第一問

　次の独立した各取引について仕訳しなさい。ただし，勘定科目は設問ごとに最も適当と思われるものを選び，記号で答えなさい。消費税については指示がある取引のみ考慮すればよい。

(1) 大阪株式会社から商品¥500,000を掛けで仕入れ，先方負担の引取費用¥5,000は現金で立替え払いした。

　　ア　現金　　イ　繰越商品　　ウ　買掛金　　エ　未払金　　オ　仕入　　カ　発送費

(2) 東京株式会社に商品¥300,000を売り渡し，代金のうち¥150,000は同社振出しの約束手形を受け取り，残額は送料¥3,000を含めて掛けとした。なお，この商品は配送会社に引き渡しており，送料¥3,000は現金で支払った。

　　ア　受取手形　　イ　売掛金　　ウ　仕入　　エ　売上　　オ　現金　　カ　発送費

(3) 埼玉株式会社へ商品¥200,000を売り渡し，代金のうち¥60,000は自治体発行の商品券で受け取り，残額は掛けとした。

　　ア　受取商品券　　イ　売掛金　　ウ　仕入　　エ　売上　　オ　前払金　　カ　前受金

(4) 前期に確定した未払法人税等¥225,000を現金で納付した。

　　ア　未払金　　イ　現金　　ウ　仮払法人税等

　　エ　未払法人税等　　オ　未払配当金　　カ　法人税，住民税及び事業税

(5) 固定資産税¥70,000（これを4期に分けて分納）の納税通知書を受け取り，これらを全額費用計上した。このうち1期分にあたる¥17,500を現金で納付した。

　　ア　未払消費税　　イ　未払金　　ウ　現金　　エ　租税公課　　オ　通信費　　カ　雑費

(6) 自動車販売会社が，販売用自動車¥1,000,000を販売して，代金は月末に受け取ることにした。

　　ア　売掛金　　イ　繰越商品　　ウ　買掛金　　エ　未払金　　オ　売上　　カ　発送費

(7) 店舗の賃貸借契約にあたり，敷金¥300,000，不動産会社への手数料¥80,000，1ヵ月の家賃¥60,000を普通預金口座から振り込んだ。

　　ア　支払手数料　　イ　支払家賃　　ウ　差入保証金

　　エ　普通預金　　オ　受取家賃　　カ　受取手数料

(8) 出張中の従業員より¥100,000の当座振込みがあったが，その内容は不明である。

　　ア　現金　　イ　普通預金　　ウ　当座預金　　エ　仮払金　　オ　仮受金　　カ　雑益

(9) 総売上高¥100,000（戻り高は¥9,000）と雑益¥300を損益勘定に振り替えた。

　　ア　売上　　イ　損益　　ウ　繰越利益剰余金　　エ　雑益　　オ　売掛金　　カ　現金過不足

(10) 商品の陳列棚を購入し，代金¥333,000と引取運賃¥8,000を小切手を振り出して支払った。

　　ア　仕入　　イ　備品　　ウ　発送費　　エ　当座預金　　オ　現金　　カ　普通預金

(11) 営業活動で利用している交通料金支払用ICカードに現金¥20,000を入金し，領収書の発行を受けた。なお，入金時に仮払金として計上する方法を用いている。

　　ア　旅費交通費　　イ　現金　　ウ　仮払金　　エ　通信費　　オ　預り金　　カ　前払金

(12) 決算にあたり，現金勘定の帳簿残高は¥50,000であり，現金の実際有高は¥51,000であった。過剰額は原因不明につき雑益として処理する。

　　ア　現金過不足　　イ　現金　　ウ　雑損　　エ　雑益　　オ　繰越利益剰余金　　カ　未収入金

⒀　得意先の茨城株式会社が倒産したため，前期に発生した同社に対する売掛金￥50,000が貸倒れと
　　なった。なお，貸倒引当金勘定の残高が￥60,000ある。

　　ア　売掛金　　イ　貸倒引当金　　ウ　貸倒損失

　　エ　償却債権取立益　　オ　貸倒引当金繰入　　カ　現金

⒁　従業員から預かった社会保険料￥37,000と企業負担分￥37,000を，合わせて現金で納付した。

　　ア　現金　　イ　所得税預り金　　ウ　社会保険料預り金

　　エ　給料　　オ　法定福利費　　カ　租税公課

⒂　5月1日に得意先に対する1ヵ月分の売上（月末締め，翌月20日払い）を集計して次の請求書の原
　　本を発送した。なお，得意先に対する売上は商品発送時ではなく1ヵ月分まとめて仕訳を行うことに
　　している。

請　求　書（控え）

鹿児島株式会社　御中

千葉株式会社

品　　物	数　量	単　価	金　　額
ピカピカ床・ラピスラズリ	5ケース	40,000	￥　200,000
ぬりぬりシックイ	2缶	10,000	￥　20,000
		小　計	￥　220,000
		消費税（10％）	￥　22,000
		合　計	￥　242,000

××年5月20日までに合計額を下記の口座へお振り込み下さい。

AA銀行　CB支店　普通　2134567　チバ（カ

　　ア　普通預金　　イ　売掛金　　ウ　仮払消費税

　　エ　売上　　オ　仮受消費税　　カ　当座預金

第二問①

　次の連続する取引に基づいて各勘定口座を完成させ，①～⑥に当てはまる用語と金額を答えなさい。
（決算日：3月31日）

　千葉株式会社は，毎年7月1日に向こう1年分の家賃を現金で支払っているが，当期から家賃の値上がりがあり，前回より年間で¥60,000多く支払っている。決算にあたり，家賃の前払分を次期に繰り越す。

前 払 家 賃

月	日	摘　要	金　額	月	日	摘　要	金　額
4	1	前期繰越	①	4	1	？？？	①
3	31	支払家賃	③	3	31	？？？	③

支 払 家 賃

月	日	摘　要	金　額	月	日	摘　要	金　額
4	1	②	①	3	31	④	③
7	1	現　金	900,000	〃		⑤	⑥

第二問②

　千葉株式会社は，営業活動に関する日々の取引を，入金伝票，出金伝票及び振替伝票を使い，3伝票制による伝票記入をしている。1日分の伝票を集計し，仕訳日計表を作成して，そこから総勘定元帳へ転記している。次のX2年8月1日の取引から作成された略式による伝票に基づいて仕訳日計表，総勘定元帳及び得意先元帳を作成しなさい。

入金伝票　No.101	出金伝票　No.301	振替伝票　　　　No.501
	買掛金（大阪株式会社）	備　　品　125,000
売　上　150,000	60,000	未　払　金　125,000

入金伝票　No.102	出金伝票　No.302	振替伝票　　　　No.502
		通　信　費　75,000
受取手数料　12,000	普通預金　86,000	普通預金　75,000

入金伝票　No.103	出金伝票　No.303	振替伝票　　　　No.503
売掛金（東京株式会社）		売掛金（東京株式会社）　200,000
70,000	仕　入　90,000	売　上　200,000

第三問

　会計期間を X6年 4 月 1 日～X7年 3 月31日までとする仙台商店の次の決算整理事項に基づいて，答案用紙の精算表を完成しなさい。

【決算整理事項】

⑴ 仮払金は全額備品の購入金額であることが判明した。なお，備品は X6年11月30日に引渡しを受け，翌月から使用を始めた。

⑵ 決算日に東京株式会社へ商品￥60,000（原価：￥36,000）を掛け販売したが未処理であった。なお，消費税率は10％であり，上記金額は税抜価格である。

⑶ 仮受金は東京株式会社へ掛け販売した代金の入金であることが判明した。

⑷ 現金の帳簿残高の方が実際有高よりも￥2,500少なかった。その原因を調査したところ手数料￥2,000の記帳漏れが判明した。残額については原因不明のため適切な勘定で処理する。

⑸ 期末商品棚卸高は￥164,000（⑵の処理を反映した金額）である。売上原価は「売上原価」の行で計算すること。

⑹ 売上債権の期末残高に対して 2 ％の貸倒引当金を差額補充法により設定する。

⑺ 建物及び備品について定額法によって減価償却を行う。

　　建物　　残存価額：取得原価の10％　　耐用年数20年

　　備品　　残存価額：ゼロ　　　　　　　耐用年数 8 年

　　（なお，⑴で購入した備品については月割りで減価償却を計上する）

⑻ 保険料のうち￥78,000は X6年 9 月 1 日に向こう 1 年分を支払ったものである。

⑼ 消費税（税抜方式）に関する処理を行った。

⑽ 法人税，住民税及び事業税として￥150,000を計上する。当社はすでに￥80,000を中間納付しており，仮払法人税等勘定で処理してある。

第5回　模擬試験問題 (解答は97ページ)

第一問

　次の独立した各取引について仕訳しなさい。ただし，勘定科目は設問ごとに最も適当と思われるものを選び，記号で答えなさい。消費税については指示がある取引のみ考慮すればよい。

(1)　大阪株式会社から，かねて商品￥500,000を掛けで仕入れていたが，このうち￥30,000を品違いのため返品した。

　　　ア　未収入金　　イ　買掛金　　ウ　繰越商品　　エ　仕入　　オ　未払金　　カ　備品

(2)　前期末に確定した法人税，住民税及び事業税の確定納付額￥76,500を現金で納付した。

　　　ア　現金　　イ　普通預金　　ウ　仮払法人税等

　　　エ　未払法人税等　　オ　法人税，住民税及び事業税　　カ　未払消費税

(3)　千葉株式会社は函館株式会社に対する掛け代金のうち￥120,000を小切手を振り出して支払ったが当座預金残高は￥80,000であった。なお，千葉株式会社はAA銀行と借越限度額￥100,000の当座借越契約を締結している。

　　　ア　現金　　イ　売掛金　　ウ　当座預金　　エ　買掛金　　オ　仕入　　カ　未払金

(4)　インプレスト・システムを採用している当店の小口現金係から，次のとおり報告を受け，補給は翌週行うこととした。ただし，当社は小口現金勘定を用いる方法で処理をしている。

　　　　　　　　　　ハガキ　￥5,500　　　事務用品　￥8,100　　　水道代　￥3,400

　　　ア　租税公課　　イ　小口現金　　ウ　現金　　エ　通信費　　オ　消耗品費　　カ　水道光熱費

(5)　大阪株式会社から掛けで仕入れた商品のうち￥16,000を同社に返品し，掛代金と相殺したが，その際，誤って，貸借逆に仕訳を行っていた。

　　　ア　未収入金　　イ　買掛金　　ウ　繰越商品　　エ　仕入　　オ　未払金　　カ　備品

(6)　自動車販売会社が，販売用自動車￥500,000を仕入れ，代金は月末に支払うことにした。

　　　ア　車両運搬具　　イ　繰越商品　　ウ　買掛金　　エ　仕入　　オ　減価償却費　　カ　未払金

(7)　不動産会社と賃貸借契約している店舗を解約したため，敷金￥200,000について修繕費￥77,000を差し引き普通預金へ入金された。

　　　ア　支払手数料　　イ　支払家賃　　ウ　差入保証金

　　　エ　普通預金　　オ　修繕費　　カ　建物

(8)　千葉株式会社はBB銀行の普通預金口座から現金￥50,000を引き出した。

　　　ア　仮払金　　イ　当座預金　　ウ　普通預金　　エ　現金　　オ　仮受金　　カ　雑益

(9)　期中に現金実査をしたところ￥61,000であった。現金の帳簿残高は￥60,000である。

　　　ア　現金　　イ　損益　　ウ　繰越利益剰余金　　エ　雑益　　オ　売掛金　　カ　現金過不足

(10)　商品の陳列棚を購入し，代金￥300,000と引取運賃￥5,000を小切手を振り出して支払った。

　　　ア　仕入　　イ　備品　　ウ　発送費　　エ　当座預金　　オ　現金　　カ　普通預金

(11)　営業活動で利用している交通料金支払用ICカードに現金￥20,000を入金し，領収書の発行を受けた。なお，入金時に旅費交通費として処理する方法を用いている。

　　　ア　旅費交通費　　イ　現金　　ウ　仮払金　　エ　通信費　　オ　預り金　　カ　前払金

(12)　決算にあたり，当期純損失￥600,000を繰越利益剰余金勘定へ振り替えた。

　　ア　損益　　イ　現金　　ウ　雑損　　エ　雑益　　オ　繰越利益剰余金　　カ　未収入金

⒀　定期預金（1年満期，利率年1％）¥15,000,000を銀行に預け入れたがこの定期預金が満期となり利息とともにBB銀行の普通預金に振り替えた。なお，源泉徴収税については考慮外とする。

　　ア　普通預金　　イ　定期預金　　ウ　当座預金

　　エ　支払利息　　オ　受取利息　　カ　仮払法人税等

⒁　広告料の支払いとして¥90,000をBB銀行の普通預金から振り込んだ。

　　ア　現金　　イ　普通預金　　ウ　社会保険料預り金

　　エ　広告宣伝費　　オ　受取手数料　　カ　雑益

⒂　4月15日に千葉株式会社は，EE電気（株）より事務用パソコン（備品）を購入した。本日，購入先より品物と領収書を受け取り，ただちに使用できるようセッティング作業を施し，同日より使用を開始した。なお，代金は全額支払済みであり，仮払金勘定で処理している。消費税は税抜方式により処理すること。

領　収　書

千葉株式会社　御中

EE電気（株）

品　　物	数　量	単　価	金　　額
MEC ノートパソコン Navie	2	195,000	¥　390,000
配送料	—	—	¥　　2,000
		小　　計	¥　392,000
		消費税（10％）	¥　 39,200
		合　　計	¥　431,200

XX年4月5日，上記の合計額を領収いたしました。　　　収入印紙省略

　　ア　備品　　イ　仕入　　ウ　仮払消費税　　エ　仮払金　　オ　仮受消費税　　カ　当座預金

第二問①

　次の資料に基づいて，先入先出法による商品有高帳を作成しなさい。摘要欄には仕入は「仕入」，販売は「売上」と記入すること。また，次月繰越の記入以外の締切りはしなくてよい。商品有高帳の受入記帳をする場合，残高は前回仕入れた分を改めて記帳を行うこと。

＜資　料＞

月初商品棚卸高　6／1：　　200個　@￥100

(1)　仕入1回目　6／3：　　100個　@￥110

(2)　販売1回目　6／7：　　250個　@￥200（売価）

(3)　仕入2回目　6／10：　120個　@￥120

(4)　販売2回目　6／15：　　70個　@￥200（売価）

第二問②

　次の買掛金勘定と仕入先元帳の，①〜⑩に入る用語及び金額を答えなさい。なお，日付は省略している。

買　掛　金

仕　　　入	150,000	前　月　繰　越	200,000
⑥	⑧	④	各自計算
次　月　繰　越	185,000		
		各自計算	⑦

＜仕　入　先　元　帳＞

大阪株式会社

支　払　い	各自計算	前　期　繰　越	55,000
次　期　繰　越	85,000	当　月　仕　入	②
	各自計算		③

函館株式会社

仕　入　返　品	⑤	前　期　繰　越	①
支　払　い	各自計算	当　月　仕　入	450,000
次　月　繰　越	⑨		
	⑩		各自計算

(1)　当月の仕入高は￥650,000であった。

(2)　掛け代金の支払いとして大阪株式会社に￥170,000，函館株式会社に￥345,000をBB銀行の普通預金から支払っている。

(3)　会計処理は適正に行われている。

第三問

　次の資料に基づいて決算整理後残高試算表を作成しなさい。（会計期間：X2年4月1日～X3年3月31日）

決算整理前残高試算表

借　方	勘定科目	貸　方
555,000	現　　　　金	
1,000,000	当 座 預 金	
350,000	受 取 手 形	
200,000	売 　掛　 金	
	貸 倒 引 当 金	6,000
560,000	繰 越 商 品	
522,000	仮 払 消 費 税	
315,000	仮 払 法 人 税 等	
400,000	仮 　払　 金	
5,000,000	貸 　付　 金	
4,500,000	建　　　　物	
	建物減価償却累計額	2,250,000
900,000	備　　　　品	
	備品減価償却累計額	337,500
13,676,000	土　　　　地	
	買 　掛　 金	580,000
	仮 　受　 金	100,000
	借 　入　 金	4,800,000
	仮 受 消 費 税	1,520,000
	資 　本　 金	12,000,000
	繰越利益剰余金	4,847,500
	売　　　　上	8,000,000
	受 取 利 息	75,000
5,000,000	仕　　　　入	
650,000	給　　　　料	
116,000	水 道 光 熱 費	
36,000	保 　険　 料	
40,000	通 　信　 費	
624,000	支 払 家 賃	
72,000	支 払 利 息	
34,516,000		34,516,000

＜決算整理事項等＞

(1)　現金の実査を行い，実際有高は¥550,000であった。そこで，水道光熱費¥4,000の記入漏れが判明し，残額は原因不明のため適切な勘定に振り替えた。

(2)　仮払金の全額はX2年10月1日に取得した備品の支払額である。当該備品は取得と同時に使用を開始した。

(3)　仮受金は得意先から商品代金の手付けとして受け取ったものであることが判明した。

(4)　売上債権に対して2％の貸倒引当金を設定する（差額補充法）。

(5)　期末商品棚卸高は¥510,000であった。

(6)　次の固定資産について残存価額ゼロ，定額法により減価償却を行う。

　　建物　耐用年数20年

　　備品　耐用年数8年

　　なお，当期に取得した備品の減価償却は月割計算を行う。

(7)　消費税について税抜方式により処理しており，決算につき消費税額の納付額を確定した。

(8)　従業員5人に対して1人当たり¥5,000の給料未払額がある。

(9)　貸付金はX2年7月1日に貸し付けたものであり貸付期間3年，利率年3％，利払日は12月末と6月末の年2回である。

(10)　法人税，住民税及び事業税¥450,000を計上した。

第6回　模擬試験問題 （解答は101ページ）

第一問

　次の独立した各取引について仕訳しなさい。ただし，勘定科目は設問ごとに最も適当と思われるものを選び，記号で答えなさい。消費税については指示がある取引のみ考慮すればよい。

(1) 東京株式会社から，かねて商品￥300,000を掛け販売していたが，このうち￥3,000が品違いのため返品されてきた。

　　ア　未収入金　　イ　売掛金　　ウ　繰越商品　　エ　仕入　　オ　売上　　カ　発送費

(2) 前期末に確定した消費税の確定納付額￥20,500を現金で納付した。

　　ア　現金　　イ　普通預金　　ウ　仮払法人税等

　　エ　未払法人税等　　オ　法人税，住民税及び事業税　　カ　未払消費税

(3) 広告宣伝のため，当期から広告会社が提供するインターネット配信サービスを開始した。インターネット配信による広告の入金額が￥80,000であると広告会社から通知があり後日AA銀行の普通預金に入金されることが確定した。なお，広告収入は受取手数料勘定により処理している。

　　ア　未収入金　　イ　普通預金　　ウ　当座預金

　　エ　未払金　　オ　受取手数料　　カ　支払手数料

(4) 定額資金前渡制を採用している当店の小口現金係から，次のとおり報告を受け，ただちに小切手を振り出して補給した。ただし，当社は小口現金勘定を用いない方法で処理をしている。

　　　　　　　　切手代　￥2,500　　　収入印紙　￥8,000　　　ガス代　￥3,300

　　ア　当座預金　　イ　小口現金　　ウ　租税公課

　　エ　通信費　　オ　消耗品費　　カ　水道光熱費

(5) かねて，京都株式会社へ￥2,000,000を貸し付けていたが，本日，利息とともに現金で回収した。なお，貸付期間は146日，利率年5％であり，利息は元本を回収するときに受け取ることになっている。なお，利息は日割計算による。

　　ア　貸付金　　イ　借入金　　ウ　現金　　エ　支払利息　　オ　買掛金　　カ　受取利息

(6) 店舗の駐車場として使用している土地の賃借料￥35,000がAA銀行の普通預金口座から引き落とされた。

　　ア　建物　　イ　支払家賃　　ウ　支払地代　　エ　現金　　オ　普通預金　　カ　当座預金

(7) 建物￥3,000,000を購入し，仲介手数料￥100,000と合わせて，代金のうち￥2,100,000は小切手を振り出して支払い，残額は翌月から毎月￥100,000ずつの分割払いで支払うことにした。

　　ア　現金　　イ　当座預金　　ウ　建物　　エ　支払手数料　　オ　未払金　　カ　支払家賃

(8) 営業活動で利用している交通料金支払用ICカードに現金￥20,000を入金し，領収書の発行を受けた。なお，入金時に全額費用計上する方法を用いている。

　　ア　現金　　イ　仮払金　　ウ　水道光熱費　　エ　旅費交通費　　オ　雑費　　カ　普通預金

(9) 決算にあたり，未使用の郵便切手￥800及び収入印紙￥1,200を貯蔵品勘定へ振り替えた。

　　ア　現金　　イ　貯蔵品　　ウ　繰越商品　　エ　通信費　　オ　租税公課　　カ　現金過不足

(10) X7年3月31日に当社は決算において，当期純利益￥2,000,000を計上した。

　　ア　資本金　　イ　繰越利益剰余金　　ウ　損益　　エ　利益準備金　　オ　雑損　　カ　雑益

⑾　当期に発生した京都株式会社の売掛金¥10,000が回収不能となった。貸倒引当金の残高は¥8,000である。

　　　ア　売掛金　　　イ　貸倒引当金　　　ウ　貸倒引当金繰入

　　　エ　貸倒損失　　　オ　償却債権取立益　　　カ　受取手形

⑿　決算にあたり，現金勘定の帳簿残高は¥50,000であり，現金の実際有高は¥51,000であった。過剰額は原因不明につき雑益として処理する。

　　　ア　現金過不足　　　イ　現金　　　ウ　雑損　　　エ　雑益　　　オ　繰越利益剰余金　　　カ　未収入金

⒀　X6年4月1日に，営業用自動車（購入日：X3年4月1日，取得原価：¥900,000，減価償却方法：定額法，耐用年数9年，残存価額は取得原価の10％）を¥300,000で売却し，代金は月末に受け取ることにした。なお，決算は年1回，3月31日である。

　　　ア　未収入金　　　イ　車両運搬具　　　ウ　減価償却費

　　　エ　減価償却累計額　　　オ　固定資産売却損　　　カ　固定資産売却益

⒁　前期に貸倒れした京都株式会社の売掛金のうち，¥30,000を現金で回収した。

　　　ア　現金　　　イ　売掛金　　　ウ　貸倒引当金

　　　エ　貸倒引当金繰入　　　オ　貸倒損失　　　カ　償却債権取立益

⒂　9月14日に事務所の賃貸借契約を行い，下記の振込依頼書どおりに当社のAA銀行普通預金口座から振り込み，賃借を開始した。仲介手数料は，支払手数料として処理する。

振込依頼書

千葉株式会社　御中

イイ家不動産株式会社

ご契約ありがとうございます。以下の金額を下記口座へお振り込みください。

内　　容	金　　額
敷　　金	¥　80,000
初月賃料	¥　65,000
仲介手数料	¥　35,000
合　　計	¥　180,000

千葉京陽銀行　仲山支店　当座　2134567　イイイエフドウサン（カ

　　　ア　普通預金　　　イ　差入保証金　　　ウ　旅費交通費

　　　エ　支払家賃　　　オ　支払手数料　　　カ　当座預金

第二問①

　次の資料に基づいて，移動平均法による商品有高帳を作成しなさい。摘要欄には仕入は「仕入」，販売は「売上」，売上げ返品は「売上返品」と記入すること。また，次月繰越の記入以外の締切りはしなくてよい。また，答案用紙に示された項目の金額についても答えなさい。

＜資　料＞

月初商品棚卸高　6／1：　200個　@￥100

(1)　仕入1回目　　6／3：　100個　@￥160

(2)　販売1回目　　6／7：　200個　@￥300（売価）

(3)　仕入2回目　　6／10：　150個　@￥260

(4)　販売2回目　　6／15：　200個　@￥300（売価）

(5)　売上げ返品　　6／20：　 50個　@￥300（売価）

第二問②

　次の資料に基づき①〜⑤に当てはまる勘定科目と金額を答えなさい。伝票の記帳方法は3伝票制を採用し，取引金額を全額起票する方法と取引を分解して起票する方法で行っており，どちらの方法を採用しているかは各自推定すること。勘定科目は次の中から最も適当であると思われるものを選び記号で答えなさい。

＜勘定科目＞

　ア　現金　　イ　売掛金　　ウ　備品　　エ　未払金　　オ　売上　　カ　買掛金

＜資　料＞

(1)　千葉株式会社は大阪株式会社から商品￥240,000を仕入れ，代金のうち￥50,000は現金で支払い，残額は掛けとした。

出 金 伝 票		振 替 伝 票			
科　目	金　額	借方科目	金　額	貸方科目	金　額
仕　入	（　①　）	仕　入	（　②　）	（　③　）	（　②　）

(2)　EE電気からパソコン￥300,000を購入し，代金のうち半分は現金で支払い，残額は後日支払うこととした。

出 金 伝 票		振 替 伝 票			
科　目	金　額	借方科目	金　額	貸方科目	金　額
（　⑤　）	（　④　）	備　品	300,000	（　⑤　）	（　　　）

第三問

　次の資料に基づいて貸借対照表と損益計算書を作成しなさい。なお，会計期間はX2年4月1日～X3年3月31日とする。

決算整理前残高試算表

借　方	勘定科目	貸　方
732,000	現　　　　　金	
50,000	小　口　現　金	
12,100,000	普　通　預　金	
350,000	受　取　手　形	
750,000	売　　掛　　金	
	貸　倒　引　当　金	8,000
800,000	繰　越　商　品	
1,560,000	仮　払　消　費　税	
2,500,000	建　　　　　物	
	建物減価償却累計額	1,125,000
350,000	備　　　　　品	
	備品減価償却累計額	140,000
5,000,000	土　　　　　地	
	買　　掛　　金	894,000
	手　形　借　入　金	3,000,000
	仮　　受　　金	2,600,000
	仮　受　消　費　税	1,970,000
	資　　本　　金	11,000,000
	繰越利益剰余金	2,118,000
	売　　　　　上	20,000,000
17,000,000	仕　　　　　入	
1,074,000	給　　　　　料	
192,000	保　　険　　料	
70,000	消　耗　品　費	
120,000	旅　費　交　通　費	
57,000	通　　信　　費	
150,000	支　払　利　息	
42,855,000		42,855,000

<決算整理事項等>

(1)　小口現金係から，事務用品（使用済）¥3,000，電車賃¥5,000を支払った旨の報告を受け，補給は翌期に行う。

(2)　土地の金額のうち半分を売却したが入金額を仮受金として処理していた。

(3)　保険料のうち¥180,000は10月1日に向こう1年分を支払ったが，2月中に解約を行った。3月1日からの保険料分は返金され，翌月に入金される。

(4)　売上債権期末残高に対して2％の貸倒引当金を設定する（差額補充法）。

(5)　期末商品棚卸高は¥500,000であった。

(6)　固定資産の減価償却を行う。なお記帳方法は間接法によること。建物の残存価額は取得原価の10％，耐用年数24年，備品は残存価額ゼロ，耐用年数5年で減価償却を行う。

(7)　消費税について税抜方式により処理しており，決算につき消費税額の納付額を確定した。

(8)　手形借入金のうち¥3,000,000はX2年7月1日に得意先から借り入れ（借入期間1年，利率年5％），利息を差し引いた額が入金されている。

(9)　給料の未払額は¥45,000である。

(10)　法人税等¥310,000を計上した。

第7回　模擬試験問題 （解答は105ページ）

第一問

　次の独立した各取引について仕訳しなさい。ただし，勘定科目は設問ごとに最も適当と思われるものを選び，記号で答えなさい。消費税については指示がある取引のみ考慮すればよい。

⑴　期中に現金を実査したところ実際有高¥40,000であり，帳簿残高は¥41,000であった。この差額について調査することにした。

　　　ア　現金　　イ　小口現金　　ウ　普通預金　　エ　雑益　　オ　現金過不足　　カ　雑損

⑵　仕入先から商品¥200,000を仕入れ，内金¥50,000を差し引いた残額は掛けとした。なお，引取運賃¥1,000は現金で支払った。

　　　ア　現金　　イ　前払金　　ウ　買掛金　　エ　前受金　　オ　売上　　カ　仕入

⑶　得意先が倒産し売掛金¥50,000（前期販売分）が回収不能となった。なお，貸倒引当金残高は¥40,000である。

　　　ア　売掛金　　イ　貸倒損失　　ウ　貸倒引当金

　　　エ　償却債権取立益　　オ　貸倒引当金繰入　　カ　貸倒引当金戻入

⑷　当社は事業拡張のため，800株を1株当たり¥250で増資を行い，払込金は普通預金に入金された。

　　　ア　普通預金　　イ　当座預金　　ウ　資本金

　　　エ　利益準備金　　オ　繰越利益剰余金　　カ　損益

⑸　当期首に不要となった備品（取得原価¥200,000　減価償却累計額¥160,000）を¥50,000で売却し代金は後日入金される。

　　　ア　売掛金　　イ　未収入金　　ウ　備品

　　　エ　減価償却累計額　　オ　固定資産売却益　　カ　固定資産売却損

⑹　当社は得意先から¥2,000,000を借り入れ，同時に約束手形を振り出し（借入期間70日，年利率3.65%），利息が差し引かれた金額を現金で受け取った。

　　　ア　普通預金　　イ　現金　　ウ　手形貸付金

　　　エ　手形借入金　　オ　受取利息　　カ　支払利息

⑺　不動産会社から土地¥3,000,000を購入し，手数料¥300,000とともに小切手を振り出して支払った。

　　　ア　当座預金　　イ　普通預金　　ウ　土地

　　　エ　支払手数料　　オ　支払地代　　カ　差入保証金

⑻　従業員が負担する保険料¥50,000を現金で立替え払いした。

　　　ア　現金　　イ　仮払金　　ウ　従業員立替金

　　　エ　旅費交通費　　オ　支払手数料　　カ　雑費

⑼　普通預金¥500,000を当座預金に振り替えた。

　　　ア　現金　　イ　定期預金　　ウ　小口現金　　エ　普通預金　　オ　発送費　　カ　当座預金

⑽　当社の固定資産税¥70,000を普通預金から納付した。

　　　ア　現金　　イ　普通預金　　ウ　当座預金　　エ　租税公課　　オ　預り金　　カ　法定福利費

⑾　前期に確定した消費税納付額￥120,000を現金で納付した。

　　　ア　現金　　イ　普通預金　　ウ　仮払消費税

　　　エ　仮受消費税　　オ　未払消費税　　カ　租税公課

⑿　不動産会社と賃貸借契約を締結し，敷金￥300,000と同社への手数料￥100,000を普通預金から振り込んだ。

　　　ア　普通預金　　イ　当座預金　　ウ　差入保証金

　　　エ　支払家賃　　オ　支払地代　　カ　支払手数料

⒀　さきに振り出した約束手形￥500,000が満期となり当座預金から引き落とされた。

　　　ア　普通預金　　イ　当座預金　　ウ　受取手形

　　　エ　支払手形　　オ　電子記録債権　　カ　電子記録債務

⒁　仕入先に対する買掛金￥70,000について，電子記録債務の発生記録の請求が行われた。

　　　ア　売掛金　　イ　電子記録債権　　ウ　仕入　　エ　買掛金　　オ　電子記録債務　　カ　売上

⒂　当社は商品売買の記帳方法を三分法で行っており，伝票を用いている。得意先に商品￥150,000を販売し，代金のうち￥50,000は現金で受け取り残額は掛けとした。下記の入金伝票をもとにして，振替伝票に記帳する仕訳を答えなさい。

入　金　伝　票	
科　目	金　額
売　上	￥50,000

　　　ア　現金　　イ　売掛金　　ウ　買掛金　　エ　仕入　　オ　未収入金　　カ　売上

第二問①

　千葉株式会社に関する問題である。総勘定元帳の①～⑫に当てはまる用語と金額を答えなさい。（会計期間：X1年4月1日～X2年3月31日）

3/31　期末商品棚卸高￥85,000

売　上　（単位：円）

売　上　返　品	100,000	売　上　高	2,100,000
（3/31）（　①　）	（　②　）		

仕　入　（単位：円）

当　期　仕　入　高	1,225,000	（3/31）（　⑤　）	（　⑥　）
（3/31）（　③　）	（　④　）	（〃）（　⑦　）	（　⑧　）

	繰 越 商 品			（単位：円）
4／1 前 期 繰 越	60,000	（3/31） 各 自 推 定	各自推定
（3/31）（ ⑨ ）（ ⑩ ）		（〃）（ ⑪ ）（ ⑫ ）	

第二問②

　次の取引のうち示されている仕訳が正しければ答案用紙の借方科目欄に「○」，間違えていれば訂正仕訳を記入しなさい。会計期間は X6年4月1日〜X7年3月31日であり，決算日は毎年3月31日の年1回とする。なお，勘定科目は次のものから選び解答すること。

現　　　　金　売　掛　金　未 収 入 金　車 両 運 搬 具
前 受 金　売　　　　上　固定資産売却益　減 価 償 却 費
固定資産売却損　減価償却累計額

⑴　商品¥250,000を販売し，代金のうち¥50,000は手付けとして一部受け取っており，残額は後日回収することとした。

	借 方 科 目	金 額	貸 方 科 目	金 額
⑴	前 受 金	50,000	売　　　　上	250,000
	売 掛 金	200,000		

⑵　7月31日に，営業用自動車（取得原価¥420,000，減価償却累計額¥168,000，減価償却方法：定額法，耐用年数10年，残存価額ゼロ）を¥260,000で売却し，代金は現金で受け取った。過年度の処理は適正に行われている。

	借 方 科 目	金 額	貸 方 科 目	金 額
⑵	減価償却累計額	168,000	車 両 運 搬 具	420,000
	現　　　　金	260,000	固定資産売却益	8,000

⑶　東京株式会社へ販売した商品¥16,000が返品され同社の掛け代金と相殺した。

	借 方 科 目	金 額	貸 方 科 目	金 額
⑶	売 掛 金	16,000	売　　　　上	16,000

第三問

　次の資料に基づいて決算整理後残高試算表を作成し当期純利益を答えなさい。なお，会計期間は X4 年 4 月 1 日～X5年 3 月31日とする。

1．決算整理前残高試算表（単位：円）

〔記載項目〕

現　　　　金	77,000	普 通 預 金	5,610,000	売 　掛　 金	800,000	繰 越 商 品	75,000
前 払 保 険 料	25,000	仮 払 消 費 税	539,000	仮 　払　 金	240,000	建　　　　物	4,000,000
備　　　　品	750,000	貸 倒 引 当 金	15,000	建物減価償却累計額	1,320,000	備品減価償却累計額	250,000
買 　掛　 金	683,000	前 　受　 金	125,000	仮 受 消 費 税	875,000	借 　入　 金	2,000,000
資 　本　 金	4,000,000	繰越利益剰余金	585,000	売　　　　上	8,750,000	受 取 家 賃	992,000
仕　　　　入	5,390,000	給　　　　料	1,352,000	旅 費 交 通 費	375,000	通 　信　 費	86,000
保 　険　 料	50,000	貸 倒 損 失	166,000	支 払 利 息	60,000		

2．＜決算整理事項等＞

⑴　決算日につき，現金を実査したところ¥70,000であった。帳簿残高との差額のうち¥5,000はタクシー代の記入漏れであり，残額は原因不明のため適切な勘定で処理を行う。

⑵　X4年 7 月 1 日に備品を購入し，代金は普通預金から振り込んだが仮払金で処理していた。なお，これ以外に仮払金で処理したものはない。備品は，購入日から使用を開始している。

⑶　貸倒損失のうち，¥6,000は前期販売分に対する売掛金の回収不能額であった。

⑷　売掛金期末残高に対して 2 ％の貸倒引当金を設定する（差額補充法）。

⑸　期末商品棚卸数量は600個，原価は@¥120であった。

⑹　次の固定資産について定額法により減価償却を行う。当期に購入した備品についても下記の方法により月割りで減価償却を行う。

　　　　建物　残存価額は取得原価の10％　耐用年数40年
　　　　備品　残存価額ゼロ　　　　　　　耐用年数 6 年

⑺　消費税について税抜方式により処理しており，決算につき消費税額の納付額を確定した。

⑻　保険料は当期の 7 月 1 日に向こう 1 年分を支払ったものであり，支払時に前払保険料勘定で処理を行っている。毎月末に 1 ヵ月分を前払保険料勘定から保険料勘定へ振り替えているが 3 月分の処理が未処理であった。

⑼　受取家賃は毎年 8 月 1 日に 1 年分の家賃を受け取ったものである。

⑽　法人税，住民税及び事業税¥550,000を計上した。なお，仮払法人税等はなかった。

第8回　模擬試験問題 （解答は109ページ）

第一問

　次の独立した各取引について仕訳しなさい。ただし，勘定科目は設問ごとに最も適当と思われるものを選び，記号で答えなさい。消費税については指示がある取引のみ考慮すればよい。

(1) 東京株式会社から，仕入れた商品¥30,000を掛け仕入れしていたが，このうち¥5,000が品違いのため返品した。

　　　ア　売掛金　　イ　未収入金　　ウ　仕入　　エ　買掛金　　オ　未払金　　カ　売上

(2) 当期に法人税等の中間申告を行い¥200,000を現金で納付した。

　　　ア　現金　　イ　普通預金　　ウ　仮払法人税等

　　　エ　未払法人税等　　オ　法人税，住民税及び事業税　　カ　未払消費税

(3) 得意先から掛け代金¥80,000について振込手数料¥600を差し引かれ，本日，普通預金へ入金された。

　　　ア　未収入金　　イ　普通預金　　ウ　当座預金

　　　エ　売掛金　　オ　受取手数料　　カ　支払手数料

(4) 当社は事業拡張のため株式800株を1株当たり¥1,800で発行し，払込金額は当座預金に入金された。

　　　ア　当座預金　　イ　普通現金　　ウ　前受金

　　　エ　資本金　　オ　繰越利益剰余金　　カ　損益

(5) 京都株式会社へ¥2,000,000を貸し付け，貸付期間3ヵ月，利率年6％であり，利息は貸付時に回収し，貸付額との差額を現金で支払っている。なお，利息は月割計算による。

　　　ア　貸付金　　イ　借入金　　ウ　現金　　エ　支払利息　　オ　買掛金　　カ　受取利息

(6) 店舗の賃借料¥100,000がAA銀行の普通預金口座から引き落とされた。

　　　ア　建物　　イ　支払家賃　　ウ　支払地代　　エ　現金　　オ　普通預金　　カ　当座預金

(7) 中古車販売会社が販売用自動車¥500,000を購入し代金は後日支払うこととした。

　　　ア　現金　　イ　当座預金　　ウ　車両運搬具　　エ　買掛金　　オ　未払金　　カ　仕入

(8) 営業活動で利用している交通料金支払用ICカードに現金¥20,000を入金し，仮払金として処理していたが，出張中の従業員から，このうち¥15,000を電車賃として使用した報告を受け領収書を受け取った。

　　　ア　現金　　イ　仮払金　　ウ　水道光熱費　　エ　旅費交通費　　オ　雑費　　カ　普通預金

(9) 当期首において，前期末に貯蔵品で処理していた未使用の郵便切手¥1,200及び収入印紙¥2,200を適切な勘定へ振り替えた。

　　　ア　現金　　イ　貯蔵品　　ウ　繰越商品　　エ　通信費　　オ　租税公課　　カ　現金過不足

(10) X7年3月31日に当社は決算において，当期純損失¥500,000を計上した。

　　　ア　資本金　　イ　繰越利益剰余金　　ウ　損益　　エ　利益準備金　　オ　雑損　　カ　雑益

(11) 小切手を振り出して当座預金¥800,000を普通預金へ振り替えた。

　　　ア　現金　　イ　普通預金　　ウ　当座預金　　エ　定期預金　　オ　受取手形　　カ　支払手形

(12) かねて現金過不足勘定としていた不足額¥1,000が，決算でも原因不明のため適切な勘定で処理をする。

　　　ア　現金過不足　　イ　現金　　ウ　雑損　　エ　雑益　　オ　繰越利益剰余金　　カ　未収入金

⒀ X6年8月31日に，備品（購入日 X3年4月1日，取得原価¥3,600,000，減価償却方法：定額法，耐用年数10年，残存価額は取得原価の10％）を¥2,500,000で売却し，代金は月末に受け取ることにした。なお，決算は年1回，3月31日である。

    ア　未収入金　　イ　備品　　ウ　減価償却費

    エ　減価償却累計額　　オ　固定資産売却損　　カ　固定資産売却益

⒁ 当期に貸倒れした京都株式会社の売掛金のうち，¥30,000を現金で回収した。

    ア　現金　　イ　売掛金　　ウ　貸倒引当金

    エ　貸倒引当金繰入　　オ　貸倒損失　　カ　償却債権取立益

⒂ X5年5月31日に以下の納付書に基づき，当社の普通預金口座から消費税を振り込んだ。

（納付書）　領収済通知書			
科　目　消費税及び地方消費税	本　税	¥150,000	納期等 X40000 の区分 X50000
	○○○税		中間申告 / 確定申告
	△△税		
住所　千葉県船橋市○○	□□税		出納印 X5.5.31 船橋銀行
	××税		
氏名　株式会社船橋商事	合計額	¥150,000	

    ア　仮払消費税　　イ　未払消費税　　ウ　仮受消費税

    エ　仮払法人税等　　オ　未払法人税等　　カ　普通預金

62

第二問①

次の連続する取引に基づいて各勘定口座を完成させ，①～⑧に当てはまる用語と金額を答えなさい。
（決算日：3月31日）

千葉株式会社は，埼玉株式会社へ前期の12月1日に元本を3年後に返済，利息は1年ごと（11月末）に回収する契約で¥1,500,000（年利率3％）を貸し付けた。

4/1　当期首につき，前期末に計上した未収利息について再振替仕訳を行った。

11/30　利払日につき，利息分を現金で受け取った。

3/31　決算につき，利息の未収分を計上する。

未 収 利 息

月	日	摘　要	金　額	月	日	摘　要	金　額
4	1	前 期 繰 越	①	4	1	？？？	①
3	31	受 取 利 息	⑥	3	31	？？？	⑥

受 取 利 息

月	日	摘　要	金　額	月	日	摘　要	金　額
4	1	②	①	11	30	④	③
3	31	⑦	⑧	3	31	⑤	⑥

第二問②

次の文章に入る適切な用語を下記の語群から選び記号で答えなさい。

(1) 主要簿には（　①　）と総勘定元帳がある。

(2) 仕訳帳の合計額と合計試算表の合計額は一致（　②　）。

(3) 複数取引先がある場合，売掛金勘定と買掛金勘定は（　③　）となる。

(4) 企業の財政状態及び経営成績等を示す書類を総称して（　④　）という。

　　ア　仕訳帳　　イ　商品有高帳　　ウ　する　　エ　しない

　　オ　評価勘定　　カ　統制勘定　　キ　貸借対照表　　ク　財務諸表

第三問

　次の資料に基づいて貸借対照表及び損益計算書を作成しなさい。なお，会計期間はX4年4月1日〜X5年3月31日とする。

1．決算整理前残高試算表（単位：円）

〔記載項目〕

現　　　金	80,000	普 通 預 金	5,715,000	受 取 手 形	400,000	売 掛 金	886,000
繰 越 商 品	90,000	仮払法人税等	250,000	仮 払 消 費 税	539,000	建　　物	5,000,000
備　　品	750,000	貸 付 金	1,500,000	貸 倒 引 当 金	15,000	建物減価償却累計額	1,625,000
備品減価償却累計額	450,000	買 掛 金	683,000	前 受 金	125,000	仮 受 消 費 税	875,000
借 入 金	2,000,000	資 本 金	6,000,000	繰越利益剰余金	1,096,500	売　　上	9,000,000
受 取 家 賃	410,000	受 取 利 息	30,000	仕　　入	5,390,000	給　　料	1,251,000
旅 費 交 通 費	175,000	通 信 費	86,500	保 険 料	50,000	貸 倒 損 失	87,000
支 払 利 息	60,000						

2．＜決算整理事項等＞

(1) 掛け売りした商品のうち¥8,000（原価¥3,000）が返品されたが，その際，誤って，貸借逆に仕訳を行っていた。

(2) 得意先の掛け代金¥70,000が普通預金口座へ入金されたが次のように処理していた。補助簿への記帳は適切に行われている。

　　　　　　　　（借）（普 通 預 金）70,000　／（貸）（売　　上）70,000

(3) 貸倒損失のうち，¥80,000は当期販売分に対する売掛金の回収不能額であり，差額は前期販売分に対する売掛金の回収不能額であった。

(4) 受取手形及び売掛金期末残高に対して1％の貸倒引当金を設定する（差額補充法）。

(5) 期末商品棚卸高は¥60,000であった。上記(1)の返品分は反映されていない。

(6) 次の固定資産について定額法により減価償却を行う。

　　建　物　残存価額ゼロ　耐用年数40年
　　備　品　残存価額ゼロ　耐用年数5年

(7) 消費税について税抜方式により処理しており，決算につき消費税額の納付額を確定した。

(8) 貸付金は全額当期の9月1日に得意先へ貸し付けたものであり，貸付期間1年，年利率2％，として貸付時に利息額を差し引いて支払っている。

(9) 保険料は毎年12月1日に1年分を支払っている。

(10) 法人税，住民税及び事業税は税引前当期純利益に法人税実効税率30％を乗じて計算する。

Chapter

4

解答・解説

Chapter 1　第一問対策　＜論点別＞仕訳問題

1-1　商品売買

	借 方 科 目	金 額	貸 方 科 目	金 額
(1)	現　　　　　金	3,300,000	売　　　　　上 仮 受 消 費 税	3,000,000 *1 300,000
(2)	仕　　　　　入	703,000	買　　掛　　金 現　　　　　金	700,000 3,000
(3)	現　　　　　金 売　　掛　　金 発　　送　　費	100,000 59,000 4,000	売　　　　　上 未　　払　　金	159,000 4,000
(4)	売　　　　　上	2,700	売　　掛　　金	2,700
(5)	買　　掛　　金	*2 8,000	仕　　　　　入	8,000
(6)	仕　　　　　入 仮 払 消 費 税	18,500 1,850	買　　掛　　金	20,350
(7)	クレジット売掛金 支 払 手 数 料	96,000 *3 4,000	売　　　　　上	100,000
(8)	前　　払　　金	35,000	現　　　　　金	35,000
(9)	前　　受　　金 現　　　　　金	50,000 250,000	売　　　　　上	300,000
(10)	普　通　預　金	60,000	受 取 商 品 券	60,000

*1　¥3,000,000×10％＝¥300,000

*2　本問は仕入返品の仕訳を逆仕訳しています。そのため，誤記入した仕訳の修正仕訳を行い，さらに，仕入返品の仕訳を行う必要があります。修正仕訳と仕入返品の仕訳を合わせて解答します。

	借 方 科 目	金 額	貸 方 科 目	金 額
誤記入	仕　　　　　入	4,000	買　　掛　　金	4,000
修正仕訳	買　　掛　　金	4,000	仕　　　　　入	4,000
仕入返品	買　　掛　　金	4,000	仕　　　　　入	4,000

*3　100,000×4％＝¥4,000

1-2　現金預金

	借 方 科 目	金 額	貸 方 科 目	金 額
(1)	現　　　　　金	45,000	売　　　　　上	45,000
(2)	当　座　預　金	40,000	売　　掛　　金	40,000
(3)	現　　　　　金	10,000	売　　掛　　金	10,000
(4)	仕　　　　　入	60,000	当　座　預　金	60,000

(5)	当 座 預 金	30,000	売 掛 金	30,000
(6)	現 金	300,000	当 座 預 金	300,000
(7)	当 座 預 金	145,000	現 金	145,000
(8)	普 通 預 金 A 銀 行	3,000,000	現 金	3,000,000
	定 期 預 金 A 銀 行	1,200,000	普 通 預 金 A 銀 行	1,200,000
(9)	普 通 預 金 B 銀 行	40,000	普 通 預 金 A 銀 行	40,200
	支 払 手 数 料	200		
(10)	通 信 費	3,500	小 口 現 金	10,000
	消 耗 品 費	2,100		
	水 道 光 熱 費	4,400		
	小 口 現 金	10,000	当 座 預 金	10,000

1-3 債権債務

	借 方 科 目	金 額	貸 方 科 目	金 額
(1)	電 子 記 録 債 権	50,000	売 掛 金	50,000
(2)	買 掛 金	70,000	電 子 記 録 債 務	70,000
(3)	当 座 預 金	50,000	電 子 記 録 債 権	50,000
(4)	電 子 記 録 債 務	70,000	当 座 預 金	70,000
(5)	当 座 預 金	2,962,500	借 入 金	3,000,000
	支 払 利 息	*1 37,500		
(6)	借 入 金	3,000,000	当 座 預 金	3,000,000
(7)	手 形 貸 付 金	7,300,000	現 金	7,300,000
(8)	現 金	7,358,400	手 形 貸 付 金	7,300,000
			受 取 利 息	*2 58,400
(9)	受 取 手 形	155,000	売 上	155,000
(10)	支 払 手 形	200,000	当 座 預 金	200,000

*1 $¥3,000,000 × 5\% × \dfrac{3ヵ月}{12ヵ月} = ¥37,500$

*2 $¥7,300,000 × 2\% × \dfrac{146日}{365日} = ¥58,400$

1-4 有形固定資産

	借 方 科 目	金 額	貸 方 科 目	金 額
(1)	備 品	205,000	当 座 預 金	205,000
(2)	車 両 運 搬 具	1,000,000	未 払 金	1,000,000
(3)	土 地	5,300,000	当 座 預 金	5,300,000
(4)	建 物	5,500,000	当 座 預 金	3,500,000
			未 払 金	2,000,000

		借方科目	金額	貸方科目	金額
(5)	売　　掛　　金	*1	700,000	売　　　　　上	700,000
(6)	修　　繕　　費		20,000	現　　　　　金	20,000
(7)	建　　　　　物		100,000	現　　　　　金	100,000
(8)	支　払　地　代		25,000	普　通　預　金	25,000
(9)	差　入　保　証　金 支　払　手　数　料 支　払　家　賃		400,000 100,000 100,000	普　通　預　金	600,000
(10)	修　　繕　　費 普　通　預　金		187,000 213,000	差　入　保　証　金	400,000

*1　自動車販売会社の商品は自動車のため，商品売買として処理します。

1-5　立替金／預り金と仮払金／仮受金

	借方科目	金額	貸方科目	金額
(1)	従　業　員　立　替　金	5,000	現　　　　　　金	5,000
(2)	給　　　　　　料	250,000	所　得　税　預　り　金 社　会　保　険　料　預　り　金 従　業　員　立　替　金 現　　　　　　金	12,000 16,000 5,000 217,000
(3)	所　得　税　預　り　金	12,000	現　　　　　　金	12,000
(4)	社　会　保　険　料　預　り　金 法　定　福　利　費	16,000 16,000	現　　　　　　金	32,000
(5)	仮　　払　　金	100,000	現　　　　　　金	100,000
(6)	旅　費　交　通　費 雑　　　　　費	50,000 55,000	仮　　払　　金 現　　　　　　金	100,000 5,000
(7)	旅　費　交　通　費 現　　　　　金	12,200 800	仮　　払　　金	13,000
(8)	当　座　預　金	60,000	仮　　受　　金	60,000
(9)	仮　　受　　金	60,000	前　　受　　金 売　　掛　　金	10,000 50,000
(10)	仮　　払　　金	15,000	現　　　　　　金	15,000

1-6　消費税／法人税等／租税公課

	借方科目	金額	貸方科目	金額
(1)	仕　　　　　入 仮　払　消　費　税	1,000,000 100,000	現　　　　　金	1,100,000
(2)	現　　　　　金	3,300,000	売　　　　　上　*1 仮　受　消　費　税	3,000,000 300,000

	借方科目	金額	貸方科目	金額
(3)	仮 受 消 費 税	300,000	仮 払 消 費 税	100,000
			未 払 消 費 税	200,000
(4)	未 払 消 費 税	200,000	普 通 預 金	200,000
(5)	当 座 預 金	15,120,000	定 期 預 金	15,000,000
	仮 払 法 人 税 等 *3	30,000	受 取 利 息 *2	150,000
(6)	租 税 公 課	400,000	現 金	100,000
			未 払 金	300,000
(7)	租 税 公 課	3,000	現 金	3,000
(8)	仮 払 法 人 税 等	400,000	普 通 預 金	400,000
(9)	法人税, 住民税及び事業税	1,625,000	仮 払 法 人 税 等	400,000
			未 払 法 人 税 等 *4	1,225,000
(10)	未 払 法 人 税 等	1,225,000	現 金	1,225,000

*1　¥X × (1 + 10%) = ¥3,300,000
　　 X = ¥3,000,000

*2　¥15,000,000 × 1% = ¥150,000

*3　¥150,000 × 20% = ¥30,000

*4　貸借差額

1-7　株式の発行／剰余金等の配当

	借方科目	金額	貸方科目	金額
(1)	当 座 預 金	10,000,000	資 本 金 *1	10,000,000
(2)	普 通 預 金	2,000,000	資 本 金 *2	2,000,000
(3)	繰 越 利 益 剰 余 金	5,500,000	未 払 配 当 金	5,000,000
			利 益 準 備 金	500,000
(4)	未 払 配 当 金	5,000,000	普 通 預 金	5,000,000
(5)	損 益	35,000	旅 費 交 通 費	35,000
(6)	売 上	600,000	損 益	600,000
(7)	損 益	6,000,000	繰 越 利 益 剰 余 金	6,000,000
(8)	繰 越 利 益 剰 余 金	6,000,000	損 益	6,000,000
(9)	売 上 *3	46,000	損 益	46,500
	雑 益	500		
(10)	損 益 *4	290,000	仕 入	290,000

*1　2,500株 × ¥4,000 = ¥10,000,000

*2　500株 × ¥4,000 = ¥2,000,000

*3　¥50,000 − ¥4,000 = ¥46,000

*4　決算振替仕訳は決算整理仕訳の後に行います。

	借 方 科 目	金 額	貸 方 科 目	金 額
決算整理	仕　　入	5,000	繰 越 商 品	5,000
仕　訳	繰 越 商 品	15,000	仕　　入	15,000

仕　　入

前　T／B	300,000	繰 越 商 品	15,000
繰 越 商 品	5,000	損　益	290,000

1-8　総まとめ

	借 方 科 目	金 額	貸 方 科 目	金 額
(1)	現　金	36,000	売　上	46,000
	クレジット売掛金	*2　9,500		
	支 払 手 数 料	*1　500		
(2)	未 払 配 当 金	30,000	普 通 預 金	30,000
(3)	定 期 預 金	1,000,000	普 通 預 金	1,000,000
(4)	仕　入	253,000	前　払　金	50,000
			買　掛　金	200,000
			現　金	3,000
(5)	現　金	20,000	従 業 員 立 替 金	20,000
(6)	受 取 商 品 券	60,000	売　上	150,000
	売　掛　金	90,000		
(7)	広 告 宣 伝 費	90,000	普 通 預 金	90,000
(8)	建　物	3,050,000	当 座 預 金	3,050,000
(9)	受 取 手 形	100,000	売　上	303,000
	売　掛　金	203,000		
	発　送　費	3,000	現　金	3,000
(10) 10/20	普 通 預 金	50,000	現　金	50,000
(10) 10/22	買　掛　金	40,000	普 通 預 金	40,000
(10) 10/23	普 通 預 金	29,500	売　掛　金	30,000
	支 払 手 数 料	500		
(10) 10/25	給　料	600,000	所 得 税 預 り 金	40,000
	支 払 手 数 料	1,000	普 通 預 金	561,000

*1　￥10,000 × 5 ％ = ￥500

*2　￥10,000 − ￥500 = ￥9,500

Chapter 2　第二問・第三問対策　＜論点別＞期中取引と決算整理事項

2-1　期中取引　有形固定資産の売却

問題1

	借　方　科　目		金　額	貸　方　科　目	金　額
(1)	減 価 償 却 累 計 額	*1	500,000	備　　　　　　　品	2,000,000
	未 　収 　入 　金		800,000		
	固 定 資 産 売 却 損	*2	700,000		

*1　（¥2,000,000÷8年）×2年＝¥500,000

*2　貸借差額

	借　方　科　目		金　額	貸　方　科　目		金　額
(2)	減 価 償 却 累 計 額	*1	480,000	備　　　　　　　品		600,000
	減 　価 　償 　却 　費	*2	40,000	固 定 資 産 売 却 益	*3	20,000
	現　　　　　　　金		100,000			

*1　（¥300,000×2台÷5年）×4年＝¥480,000

*2　$¥600,000÷5年×\dfrac{4\,ヵ月}{12\,ヵ月}＝¥40,000$

*3　貸借差額

2-2　決算整理事項①　期末商品棚卸高

問題1

借　方　科　目	金　額	貸　方　科　目	金　額
仕　　　　　　　入	20,000	繰 　越 　商 　品	20,000
繰 　越 　商 　品	50,000	仕　　　　　　　入	50,000

	繰　越　商　品				仕　　　　　　入	
前 期 繰 越	20,000	仕　　入	20,000		330,000	繰 越 商 品　50,000
仕　　入	50,000	次期繰越	50,000	繰 越 商 品　20,000	損　　益　300,000	
	70,000		70,000		350,000	350,000
前 期 繰 越	50,000					

問題2

借　方　科　目	金　額	貸　方　科　目	金　額
売 　上 　原 　価	20,000	繰 　越 　商 　品	20,000
繰 　越 　商 　品	50,000	売 　上 　原 　価	50,000
売 　上 　原 　価	330,000	仕　　　　　　　入	330,000

繰　越　商　品			
前 期 繰 越	20,000	売 上 原 価	20,000
売 上 原 価	50,000	次 期 繰 越	50,000
	70,000		70,000
前 期 繰 越	50,000		

仕　　　　入			
	330,000	売 上 原 価	330,000

売　上　原　価			
繰 越 商 品	20,000	繰 越 商 品	50,000
仕　　　　入	330,000	損　　　　益	300,000
	350,000		350,000

精　算　表
X3年3月31日　　　　　　　　　　　（単位：円）

勘 定 科 目	試　算　表		修 正 記 入		損益計算書		貸借対照表	
	借　方	貸　方	借　方	貸　方	借　方	貸　方	借　方	貸　方
現　　　　　　金	88,000						88,000	
売　　掛　　金	66,000						66,000	
繰　越　商　品	20,000		50,000	20,000			50,000	
買　　掛　　金		10,000						10,000
資　　本　　金		40,000						40,000
繰越利益剰余金		4,000						4,000
売　　　　　　上		500,000				500,000		
仕　　　　　　入	330,000			330,000				
そ の 他 費 用	50,000				50,000			
	554,000	554,000						
売　上　原　価			20,000	50,000	300,000			
			330,000					
当 期 純 利 益					150,000			150,000
			400,000	400,000	500,000	500,000	204,000	204,000

2-3　決算整理事項②　貸倒れ
問題1

	借　方　科　目	金　額	貸　方　科　目	金　額
5/8	売　　　掛　　　金	80,000	売　　　　　　上	80,000
6/20	貸　倒　損　失	80,000	売　　　掛　　　金	80,000

問題2

借　方　科　目	金　額	貸　方　科　目	金　額
貸 倒 引 当 金 繰 入	8,000	貸 倒 引 当 金	8,000

* （¥70,000 + ¥130,000）× 4 % = ¥8,000
（受取手形　売掛金　　　　貸倒引当金）

問題3

	借　方　科　目	金　額	貸　方　科　目	金　額
(1)	貸 倒 引 当 金	20,000	売　　掛　　金	20,000
(2)	貸 倒 引 当 金 貸 倒 損 失	8,000 12,000	売　　掛　　金	20,000
(3)	貸 倒 損 失	20,000	売　　掛　　金	20,000

　本問は，前期に発生した売掛金は前期決算で貸倒引当金を設定しているため，貸倒引当金勘定を減少させます。また，当期に発生した売掛金は当期の決算になる前に代金の回収不能となったため，貸倒引当金の設定ができていません。これらから，貸倒損失勘定で処理することを理解しているかを確認する問題です。

問題4

	借　方　科　目	金　額	貸　方　科　目	金　額
(1)	貸 倒 引 当 金 繰 入	2,000	貸 倒 引 当 金	2,000

* （¥100,000 + ¥150,000）× 4 % = ¥10,000　¥10,000 - ¥8,000 = ¥2,000

	借　方　科　目	金　額	貸　方　科　目	金　額
(2)	貸 倒 引 当 金	2,000	貸 倒 引 当 金 戻 入	2,000

* （¥100,000 + ¥150,000）× 4 % = ¥10,000　¥10,000 - ¥12,000 = △¥2,000

	借　方　科　目	金　額	貸　方　科　目	金　額
(3)	現　　　　金	5,000	償 却 債 権 取 立 益	5,000

2-4　決算整理事項③　減価償却（減価償却の計算と間接法の記帳）

問題1

	借　方　科　目	金　額	貸　方　科　目	金　額
4 / 1	備　　　　品	550,000	現　　　　金	550,000

	借　方　科　目	金　額	貸　方　科　目	金　額
3 /31	減 価 償 却 費	82,500	減 価 償 却 累 計 額	82,500

備　　　　品		減価償却累計額	
現　金　550,000		減価償却費　82,500	

減 価 償 却 費

減価償却累計額	82,500	

*¥550,000×0.9÷6年＝¥82,500

上記の式は次のような過程を経て表記されています。

$$\frac{¥550,000-(¥550,000×10\%)}{6年}=¥82,500$$ 定額法の式の分子から展開します。

¥550,000 − ¥55,000 = ¥495,000 ←取得原価から残存価額を差し引いた90％金額で減価償却をします。
(取得原価100%)　(残存価額10%)　　　　(90%)

¥495,000÷6年＝¥82,500

そのため，¥550,000×90％（0.9）＝¥495,000の金額が計算できれば，これを耐用年数で割ることで減価償却
(取得原価100%)
費を計算できます。

―補 足―

月次決算：（¥550,000×0.9÷6年）÷12ヵ月＝¥6,875

	借 方 科 目	金 額	貸 方 科 目	金 額
4/30	減価償却費	6,875	減価償却累計額	6,875

月次決算の場合には，毎月末に，1ヵ月分の減価償却費を計上するため，3月31日の年次決算の仕訳は必要
ありません。

問題2

貸 借 対 照 表（一部）
X3年3月31日　　　　　　　　　　　　　（単位：円）

資 産	金 額		負債・純資産	金 額
⋮				
売 掛 金	(250,000)			
貸 倒 引 当 金	(△ 10,000)	(240,000)		
商 品		(50,000)		
備 品	(700,000)			
減 価 償 却 累 計 額	(△ 105,000)	(595,000)		
⋮				

損 益 計 算 書（一部）
X2年4月1日から X3年3月31日　　　　　　　　（単位：円）

費 用	金 額	収 益	金 額
売 上 原 価	(230,000)		
減 価 償 却 費	(105,000)		
貸 倒 引 当 金 繰 入	(6,000)		

減価償却費：¥700,000×0.9÷6年＝¥105,000
貸倒引当金繰入：¥250,000×4％＝¥10,000　¥10,000−¥4,000＝¥6,000
　　　　　　　　　（売掛金）　　　　　（貸倒引当金）　　（貸倒引当金）
売上原価：¥30,000＋¥250,000−¥50,000＝¥230,000

2-5　決算整理事項④　費用・収益の前払と前受（未経過）
問題1

	借　方　科　目	金　額	貸　方　科　目	金　額
7/1	支　払　家　賃	120,000	現　　　　　金	120,000
3/31	前　払　家　賃 *1	30,000	支　払　家　賃	30,000
3/31	損　　　　　益	90,000	支　払　家　賃	90,000
4/1	支　払　家　賃	30,000	前　払　家　賃	30,000

*1 　$¥120,000 \times \dfrac{3 ヵ月}{12 ヵ月} = ¥30,000$

支　払　家　賃

現　　金	120,000	前払家賃	30,000
		損　　益	90,000
	120,000		120,000
前払家賃	30,000		

前　払　家　賃

支払家賃	30,000	次期繰越	30,000
前期繰越	30,000	支払家賃	30,000

問題2

	借　方　科　目	金　額	貸　方　科　目	金　額
7/1	現　　　　　金	120,000	受　取　家　賃	120,000
3/31	受　取　家　賃 *1	30,000	前　受　家　賃	30,000
3/31	受　取　家　賃	90,000	損　　　　　益	90,000
4/1	前　受　家　賃	30,000	受　取　家　賃	30,000

*1 　$¥120,000 \times \dfrac{3 ヵ月}{12 ヵ月} = ¥30,000$

受　取　家　賃

前受家賃	30,000	現　　金	120,000
損　　益	90,000		
	120,000		120,000
		前受家賃	30,000

前　受　家　賃

次期繰越	30,000	受取家賃	30,000
受取家賃	30,000	前期繰越	30,000

2-6　決算整理事項⑤　費用・収益の未払・未収（経過）
問題1

	借　方　科　目	金　額	貸　方　科　目	金　額
3/31	支　払　利　息 *1	5,000	未　払　利　息	5,000
3/31	損　　　　　益	5,000	支　払　利　息	5,000
4/1	未　払　利　息	5,000	支　払　利　息	5,000
11/30	支　払　利　息	15,000	現　　　　　金	15,000

*1　¥500,000 × 3 ％ = ¥15,000／年　¥15,000 × $\frac{4 \, \text{ヵ月}}{12 \, \text{ヵ月}}$ = ¥5,000

支 払 利 息			
未 払 利 息	5,000	損　　益	5,000
現　　金	15,000	未 払 利 息	5,000

未 払 利 息			
次 期 繰 越	5,000	支 払 利 息	5,000
支 払 利 息	5,000	前 期 繰 越	5,000

問題2

	借 方 科 目	金 額	貸 方 科 目	金 額
3/31	未 収 利 息	5,000	受 取 利 息	5,000
3/31	受 取 利 息	5,000	損　　　益	5,000
4/1	受 取 利 息	5,000	未 収 利 息	5,000
11/30	現　　　　金	15,000	受 取 利 息	15,000

*1　¥500,000 × 3 ％ = ¥15,000／年　¥15,000 × $\frac{4 \, \text{ヵ月}}{12 \, \text{ヵ月}}$ = ¥5,000

受 取 利 息			
損　　益	5,000	未 収 利 息	5,000
未 収 利 息	5,000	現　　金	15,000

未 収 利 息			
受 取 利 息	5,000	次 期 繰 越	5,000
前 期 繰 越	5,000	受 取 利 息	5,000

問題3

精　算　表
X3年 3 月31日
（単位：円）

勘 定 科 目	試 算 表		修 正 記 入		損 益 計 算 書		貸 借 対 照 表	
	借 方	貸 方	借 方	貸 方	借 方	貸 方	借 方	貸 方
受 取 手 数 料		3,000		1,200		4,200		
受 取 家 賃		60,000	600			59,400		
保 険 料	12,000			2,000	10,000			
給 料	5,500		500		6,000			
支 払 利 息	1,400		800		2,200			
⋮								
未 収 手 数 料			1,200				1,200	
未 払 利 息				800				800
未 払 給 料				500				500
前 払 保 険 料			2,000				2,000	
前 受 家 賃				600				600

2-7　決算整理事項⑥　貯蔵品

	借　方　科　目	金　額	貸　方　科　目	金　額
7/1	租　税　公　課 通　　信　　費	20,000 30,000	現　　　　　　金	50,000
3/31	貯　　蔵　　品	5,000	租　税　公　課 通　　信　　費	3,000 2,000
4/1	租　税　公　課 通　　信　　費	3,000 2,000	貯　　蔵　　品	5,000

2-8　決算整理事項⑦　当座借越の振替え

	借　方　科　目	金　額	貸　方　科　目	金　額
3/31	当　座　預　金	40,000	当　座　借　越	40,000
4/1	当　座　借　越	40,000	当　座　預　金	40,000

2-9　決算整理事項⑧　現金・現金過不足

問題1

	借　方　科　目	金　額	貸　方　科　目	金　額
12/1	現　金　過　不　足	10,000	現　　　　　　金	10,000
12/7	水　道　光　熱　費	6,000	現　金　過　不　足	6,000
12/10	現　　　　　　金	8,000	現　金　過　不　足	8,000
12/20	現　金　過　不　足	8,000	受　取　手　数　料	8,000
12/31	通　　信　　費 雑　　　　　損	3,500 500	現　金　過　不　足	4,000

問題2

	借　方　科　目	金　額	貸　方　科　目	金　額
(1)	現　　　　　　金	1,000	雑　　　　　益	1,000
(2)	現　　　　　　金 通　　信　　費 雑　　　　　損	8,000 800 200	受　取　家　賃	9,000

Chapter 3　模擬試験問題

第一問（各3点・計45点）

	仕　　　　　訳			
	借　方　科　目	金　　額	貸　方　科　目	金　　額
(1)	イ	355,000	エ	355,000
(2)	エ	430,000	ウ	500,000
	イ	80,000	カ ＊1	10,000
(3)	イ	70,000	エ	70,000
(4)	エ	25,000	イ	25,000
(5)	ウ	4,000,000	イ	4,040,000
	オ	40,000		
(6)	エ	4,800,000	ア ＊2	4,800,000
(7)	イ	50,000	エ	50,000
(8)	オ	3,300	イ ＊3	3,300
(9)	ウ ＊4	120,000	イ	132,000
	オ	12,000		
(10)	イ	3,400	エ	23,400
	ウ	20,000		
(11)	イ	5,000	ア	5,000
(12)	エ	18,500	ア	20,350
	カ	1,850		
(13)	ア	100,000	ウ	100,000
(14)	ア	5,060,000	ウ	5,060,000
(15)	エ	187,000	ウ	300,000
	イ	113,000		

解説

＊1　貸借差額

＊2　1,500株×@¥3,200＝¥4,800,000

＊3　¥15,000（実際有高）－¥11,700（帳簿残高）＝¥3,300

＊4　¥132,000（税込価格）÷（1＋10％）＝¥120,000（税抜価格）

第二問①（解答欄の丸数字が配点・計16点）

①	②	③	④	⑤	⑥
①460,000	①普通預金	①法人税等	①850,000	①普通預金	①350,000
⑦	⑧	⑨	⑩	⑪	⑫
②諸　口	②1,200,000	①損　益	②繰越利益 剰余金	②2,800,000	①9,600,000

解説

仮 払 法 人 税 等

月	日	摘　要	金　額	月	日	摘　要	金　額
11	30	普 通 預 金	350,000	3	31	法 人 税 等	350,000

未 払 法 人 税 等

月	日	摘　要	金　額	月	日	摘　要	金　額
5	31	普 通 預 金	460,000	4	1	前 期 繰 越	460,000
3	31	次 期 繰 越	850,000	3	31	法 人 税 等	850,000
			1,310,000				1,310,000

法 人 税 等

月	日	摘　要	金　額	月	日	摘　要	金　額
3	31	諸　　　　　口	1,200,000	3	31	損　　　　　益	1,200,000

損　　益

月	日	摘　要	金　額	月	日	摘　要	金　額
3	31	仕　　　　　入	5,400,000	3	31	売　　　　　上	9,600,000
	〃	その他の費用	200,000				
	〃	法 人 税 等	1,200,000				
		繰越利益剰余金	2,800,000				
			9,600,000				9,600,000

X2年3月31日

（借）法 人 税 等	860,000	（貸）仮 払 法 人 税 等	400,000
		未 払 法 人 税 等 *1	460,000

*1　貸借差額

X2年5月31日

（借）未 払 法 人 税 等	460,000	（貸）普 通 預 金	460,000

X2年11月30日

（借）仮 払 法 人 税 等	350,000	（貸）普 通 預 金	350,000

80

X3年3月31日

（借）法 人 税 等*1	1,200,000	（貸）仮払法人税等	350,000
		未払法人税等*2	850,000

*1 （¥9,600,000 − ¥5,400,000 − ¥200,000）×30％＝¥1,200,000
  売 上　　　　 仕 入　　　その他営業費　　　　　　　　　　　　法 人 税 等

*2 貸借差額

第二問②　（各2点・計4点）

	仕		訳		
	借 方 科 目	金 額	貸 方 科 目	金 額
（1）	ア	70,000	オ	120,000
	イ	50,000		
（2）	ウ	350,000	ア	200,000
			エ	150,000

解説

（1）振替伝票

（借）売 掛 金　　　　120,000　（貸）売　　　上　　　　120,000

　　入金伝票

（借）現　　　金　　　　70,000　（貸）売 掛 金　　　　70,000

（2）振替伝票

（借）備　　　品　　　150,000　（貸）未 払 金　　　150,000

　　出金伝票

（借）備　　　品　　　200,000　（貸）現　　　金　　　200,000

第三問（□2点，□3点・計35点）

精　算　表　　　　　　　　　　　　　　　　　（単位：円）

勘 定 科 目	試 算 表 借 方	試 算 表 貸 方	修正記入 借 方	修正記入 貸 方	損益計算書 借 方	損益計算書 貸 方	貸借対照表 借 方	貸借対照表 貸 方
現　　　　　金	520,000						520,000	
普 通 預 金	3,480,000						3,480,000	
当 座 預 金		780,000	780,000					
受 取 手 形	586,000						586,000	
売 　掛　 金	672,000			58,000			614,000	
仮 　払　 金	75,600			75,600				
仮 払 消 費 税	160,000			160,000				
繰 越 商 品	210,000		380,000	210,000			380,000	
備　　　　　品	350,000		75,600				425,600	
建　　　　　物	1,750,000						1,750,000	
現 金 過 不 足	2,500			2,500				
買 　掛　 金		954,000						954,000
借 　入　 金		1,040,000						1,040,000
仮 　受　 金		58,000	58,000					
仮 受 消 費 税		210,000	210,000					
貸 倒 引 当 金		16,800		19,200				36,000
備品減価償却累計額		140,000		77,560				217,560
建物減価償却累計額		1,050,000		52,500				1,102,500
資 　本　 金		2,100,000						2,100,000
繰越利益剰余金		760,000						760,000
売 　　　　上		3,456,000				3,456,000		
受 取 手 数 料		151,200				151,200		
仕 　　　　入	1,928,900		210,000	380,000	1,758,900			
給 　　　　料	475,000				475,000			
広 告 宣 伝 費	126,000				126,000			
旅 費 交 通 費	200,000		2,000		202,000			
支 　払　 利 息	180,000			30,000	150,000			
	10,716,000	10,716,000						
雑 （　損　）			500		500			
貸倒引当金繰入			19,200		19,200			
（当 座 借 越）				780,000				780,000
減 価 償 却 費			130,060		130,060			
（前　払）利息			30,000				30,000	
（未　払）消費税				50,000				50,000
（未　払）法人税等				150,000				150,000
法人税, 住民税及び事業税			150,000		150,000			
当 期 純（利益）					595,540			595,540
			2,045,360	2,045,360	3,607,200	3,607,200	7,785,600	7,785,600

解説

(1) 備品の取得（取得日：Ｘ6年10月1日）

（借）備 品	75,600	（貸）仮 払 金	75,600

(2) 売掛金の回収

（借）仮 受 金	58,000	（貸）売 掛 金	58,000

(3) 現金過不足

（借）旅 費 交 通 費	2,000	（貸）現 金 過 不 足	2,500
雑 損	500		

(4) 期末商品棚卸高

（借）仕 入	210,000	（貸）繰 越 商 品	210,000
繰 越 商 品	380,000	仕 入	380,000

(5) 貸倒引当金

（借）貸倒引当金繰入 *1	19,200	（貸）貸 倒 引 当 金	19,200

*1 （¥586,000（受取手形）＋¥672,000（売掛金）－¥58,000（2.修正））×3％＝¥36,000

¥36,000（貸引当金）－¥16,800（前T/B貸倒引当金）＝¥19,200

(6) 当座借越

（借）当 座 預 金	780,000	（貸）当 座 借 越	780,000

(7) 減価償却

（借）減 価 償 却 費	130,060	（貸）建物減価償却累計額 *1	52,500
		備品減価償却累計額 *2	77,560

*1 建物：¥1,750,000（取得原価）×0.9÷30年＝¥52,500

*2 備品：①¥350,000÷5年＝¥70,000

②¥75,600÷5年×$\frac{6 \text{ヵ月}}{12 \text{ヵ月}}$＝¥7,560 ①＋②＝¥77,560

(8) 前払利息

（借）前 払 利 息	30,000	（貸）支 払 利 息	30,000

(9) 未払消費税

（借）仮 受 消 費 税	210,000	（貸）仮 払 消 費 税	160,000
		未 払 消 費 税	50,000

(10) 法人税，住民税及び事業税

（借）法 人 税，住 民 税 及 び 事 業 税	150,000	（貸）未 払 法 人 税 等	150,000

第2回 模擬試験問題

第一問 （各3点・計45点）

		仕	訳	
	借 方 科 目	金 額	貸 方 科 目	金 額
(1)	カ	300,000	ア	300,000
(2)	ウ	50,000	ア	50,000
(3)	カ	1,000,000	エ	1,000,000

		仕		訳	
	借 方 科 目	金　額	貸 方 科 目	金　額	
(4)	カ	50,000	ウ	90,000	
	ア	*2　38,400			
	オ	*1　1,600			
(5)	エ	300,000	ア	330,000	
	オ	*3　30,000			
(6)	イ	3,050,000	ウ	3,050,000	
(7)	エ	160,000	ア	160,000	
(8)	ウ	330,000	ア	70,000	
			カ	255,000	
			オ	5,000	
(9)	オ	50,000	ア	50,000	
(10)	エ	300,000	イ	300,000	
(11)	オ	1,837,000	ア	1,825,000	
			エ	*4　12,000	
(12)	ア	20,000	イ	20,000	
(13)	エ	31,200	イ	1,200	
			ウ	30,000	
(14)	エ	200,000	ウ	300,000	
	ア	50,000			
	オ	50,000			
(15)	オ	200,000	イ	200,000	

*1　¥40,000×4％＝¥1,600

*2　¥40,000−¥1,600＝¥38,400

*3　¥300,000×10％＝¥30,000

*4　$¥1,825,000×1.2\%×\dfrac{200日}{365日}=¥12,000$

第二問①（各1点・計12点）

①	②	③	④	⑤	⑥
2,600,000	諸　口	500,000	普通預金	2,250,000	次期繰越
⑦	⑧	⑨	⑩	⑪	⑫
4,350,000	2,000,000	250,000	減価償却費	499,999	6,250

解説

備 品

月	日	摘　要	金　額	月	日	摘　要	金　額
4	1	前 期 繰 越	2,600,000	6	30	諸　　　口	500,000
12	1	普 通 預 金	2,250,000	3	31	次 期 繰 越	4,350,000
			4,850,000				4,850,000

備品減価償却累計額

月	日	摘　要	金　額	月	日	摘　要	金　額
6	30	諸　　　口	250,000	4	1	前 期 繰 越	2,000,000
3	31	次 期 繰 越	2,249,999	3	31	減 価 償 却 費	499,999
			4,499,999				2,499,999

固定資産売却（益）

月	日	摘　要	金　額	月	日	摘　要	金　額
				6	30	諸　　　口	6,250

備品A

X9年3月31日

（借）	減 価 償 却 費 *1	349,999	（貸）	減価償却累計額	349,999

*1　$\overset{\text{取 得 原 価}}{¥2,100,000} \div 6\,年 = \overset{\text{減価償却費}}{¥350,000}$
　　$\overset{\text{減価償却費}}{¥350,000} - \overset{\text{備忘記録}}{¥1} = ¥349,999$

備品B

期首減価償却累計額：$(\overset{\text{取 得 原 価}}{¥500,000} \div 4\,年) \times 2\,年 = ¥250,000$

X8年6月30日　売却

（借）	減価償却累計額	250,000	（貸）	備　　　　品	500,000
	減 価 償 却 費 *1	31,250		固定資産売却益 *2	6,250
	普 通 預 金	225,000			

*1　$\overset{\text{取 得 原 価}}{¥500,000} \div 4\,年 \times \dfrac{3\,ヵ月}{12\,ヵ月} = ¥31,250$

*2　貸借差額

備品C

X8年12月1日　取得

（借）	備　　　　品	2,250,000	（貸）	普 通 預 金	2,250,000

X9年3月31日

（借）	減 価 償 却 費 *1	150,000	（貸）	減価償却累計額	150,000

*1　$\overset{\text{取 得 原 価}}{¥2,250,000} \div 5\,年 \times \dfrac{4\,ヵ月}{12\,ヵ月} = ¥150,000$

第二問②（各2点・計8点）

①	②	③	④
ア	エ	オ	ク

解説

1．次の式について計算が一致しないのは試算表の<u>借方合計－貸方合計＝利益</u>である。

2．商品有高帳や現金出納帳などの帳簿を総称して<u>補助簿</u>という。

3．決算整理前残高試算表の繰越商品の金額は<u>期首商品</u>である。

4．決算のみ行う処理は<u>利益を繰越利益剰余金に振り替える処理</u>である。

第三問（金額の横の丸数字が配点・計35点）

貸借対照表　　　　　　　　　（単位：円）

資　産	金　額		負債及び純資産	金　額
現　　　　　金		（　　　716,000）	買　掛　金	（　　　850,000）
当　座　預　金		（② 12,000,000）	借　入　金	（　9,800,000）
売　　掛　　金	（　　800,000）		（未払）費用	（②　　10,000）
貸 倒 引 当 金	（△　　16,000）	（②　　784,000）	未 払 消 費 税	（②　200,000）
商　　　　　品		（②　696,000）	未 払 法 人 税 等	（②　187,000）
（前払）費用		（②　　50,000）	資　　本　　金	（　11,000,000）
備　　　　　品	（　　700,000）		繰越利益剰余金	（②　1,137,500）
減価償却累計額	（△　437,500）	（②　262,500）		
土　　　　　地		（　8,676,000）		
		（　23,184,500）		（　23,184,500）

損益計算書　　　　　　　　　（単位：円）

費　用	金　額	収　益	金　額
売 上 原 価	（② 10,104,000）	売　上　高	（　12,000,000）
給　　　　　料	（　　700,000）		
水 道 光 熱 費	（②　170,000）		
保　　険　　料	（　　64,000）		
通　　信　　費	（②　51,400）		
支　払　家　賃	（　　250,000）		
減 価 償 却 費	（②　87,500）		
貸倒引当金繰入	（②　12,500）		
支　払　利　息	（　　71,000）		
雑（　損　）	（②　7,600）		
法人税, 住民税及び事業税	（②　187,000）		
当 期 純 利 益	（③　295,000）		
	（　12,000,000）		（　12,000,000）

解説

(1) 現金過不足

（借）	通　信　費	8,400	（貸）	現　　　　　金	16,000
	雑　　　損	7,600			

(2) 掛け代金入金の誤記入

（借）	売　掛　金	36,000	（貸）	当　座　預　金	36,000

(3) 水道光熱費の未記入

（借）	水 道 光 熱 費	14,000	（貸）	当　座　預　金	14,000

(4) 貸倒引当金

（借）	貸倒引当金繰入	12,500	（貸）	貸 倒 引 当 金*1	12,500

*1　（¥764,000 + ¥36,000）× 2 ％ = ¥16,000　（貸倒引当金）
　　¥16,000 − ¥3,500 = ¥12,500　（貸倒引当金）

(5) 期末商品棚卸高

（借）	仕　　　　　入	800,000	（貸）	繰 越 商 品	800,000
	繰 越 商 品	696,000		仕　　　　　入	696,000

(6) 減価償却

（借）	減 価 償 却 費	87,500	（貸）	減価償却累計額*1	87,500

*1　¥700,000 ÷ 8 年 = ¥87,500

(7) 未払消費税

（借）	仮 受 消 費 税	1,200,000	（貸）	仮 払 消 費 税	1,000,000
				未 払 消 費 税	200,000

(8) 未払利息

（借）	支 払 利 息	10,000	（貸）	未 払 利 息*1	10,000

*1　$¥600,000 × 5 ％ × \dfrac{4 \, ヵ月}{12 \, ヵ月} = ¥10,000$

(9) 前払家賃

（借）	前 払 家 賃*1	50,000	（貸）	支 払 家 賃	50,000

*1　$¥300,000 × \dfrac{1 \, ヵ月}{6 \, ヵ月} = ¥50,000$

(10) 法人税，住民税及び事業税

（借）	法人税，住民税及 び 事 業 税	187,000	（貸）	未 払 法 人 税 等	187,000

第 3 回　模擬試験問題

第一問（各 3 点・計45点）

		仕		訳	
	借　方　科　目	金　　額	貸　方　科　目	金　　額
(1)	エ	24,000	ウ	30,000
	ア	6,000		
(2)	ウ	15,000	オ	15,000
(3)	オ	40,000	イ	40,000

	仕　　　訳			
	借　方　科　目	金　　額	貸　方　科　目	金　　額
(4)	ウ	18,000	ア	18,000
(5)	ウ	4,000	イ	4,000
(6)	イ	90,000	ア	90,000
(7)	エ	10,000	ウ	10,000
(8)	イ	60,000	ア	90,000
	エ	30,000		
(9)	カ	100,000	オ	100,000
(10)	ウ	*1　216,000	ア	360,000
	イ	100,000		
	カ	*2　44,000		
(11)	ウ	1,800	イ	1,800
(12)	エ	240,000	ウ	80,000
			オ	160,000
(13)	ウ	5,000	カ	5,000
(14)	エ	200,000	イ	20,400
			ア	179,600
(15)	カ	150,000	イ	150,000

*1　（¥360,000÷5年）×3年＝¥216,000

*2　貸借差額

第二問①（各1点・計12点）

①	②	③	④	⑤	⑥
180,000	繰越利益剰余金	420,000	諸　口	165,000	損　益
⑦	⑧	⑨	⑩	⑪	⑫
420,000	次期繰越	2,055,000	15,000	普通預金	900,000

88

解説

損　　益　　　　　　　　　　（単位：円）

3／31	仕　　　　　入	800,000	3／31	売　上　高	1,750,000
〃	給　　　料	130,000	〃	受 取 手 数 料	70,000
〃	減 価 償 却 費	50,000			
〃	そ の 他 費 用	240,000			
〃	法 人 税 等	180,000			
〃	繰越利益剰余金	420,000			
		1,820,000			1,820,000

繰越利益剰余金　　　　　　　（単位：円）

（6／1）	諸　　　口	165,000	4／1	前 期 繰 越	1,800,000
（3／31）	次 期 繰 越	2,055,000	（3／31）	損　　　益	420,000
		2,220,000			2,220,000

利 益 準 備 金　　　　　　　（単位：円）

（3／31）	次 期 繰 越	145,000	4／1	前 期 繰 越	130,000
			（6／1）	繰越利益剰余金	15,000
		145,000			145,000

資　　本　　金　　　　　　　（単位：円）

（3／31）	次 期 繰 越	2,900,000	4／1	前 期 繰 越	2,000,000
			（10／5）	普 通 預 金	900,000
		2,900,000			2,900,000

1．X1年6月1日

（借）繰越利益剰余金　165,000　（貸）未 払 配 当 金　150,000
　　　　　　　　　　　　　　　　　　　利 益 準 備 金　15,000

2．X1年10月5日

（借）普 通 預 金*1　900,000　（貸）資　　本　　金　900,000

*1　1,500株×¥600＝¥900,000

3．X2年3月31日

（借）法 人 税 等*1　180,000　（貸）未 払 法 人 税 等　180,000

*1　（¥1,750,000＋¥70,000－¥800,000－¥130,000－¥50,000－¥240,000）×30％＝¥180,000

4．X2年3月31日（決算振替仕訳）

（借）損　　　益　420,000　（貸）繰越利益剰余金　420,000

第二問②（各2点・計8点）

	現　金 出納帳	当座預金 出納帳	仕入帳	売上帳	商品 有高帳	仕入先 元帳	得意先 元帳	固定資産 台帳	該当なし
(1)	☐	☑	☐	☑	☑	☐	☐	☐	☐
(2)	☑	☐	☑	☐	☑	☑	☐	☐	☐
(3)	☐	☐	☐	☐	☐	☐	☐	☐	☑
(4)	☑	☐	☐	☐	☐	☐	☐	☐	☐

解説

(1)

　　　　（借）当 座 預 金　　　　400,000　（貸）売　　　　　　上　　　　400,000

(2)

　　　　（借）仕　　　　　　入　　3,000,000　（貸）現　　　　　　金　　1,000,000
　　　　　　　　　　　　　　　　　　　　　　　　　買　掛　　金　　2,000,000

(3)

　　　　（借）「 仕 訳 不 要 」　　　　　　（貸）

(4)

　　　　（借）租 税 公 課　　　　　2,000　（貸）現　　　　　　金　　　　3,000
　　　　　　　雑　　　　損　　　　1,000

第三問（金額の横の丸数字が配点・計35点）

貸 借 対 照 表

（単位：円）

資　産	金　額		負債及び純資産	金　額
現　　　金		（　　　555,000）	買　掛　金	（　　　750,000）
普 通 預 金		（　　12,050,000）	借　入　金	（　　9,900,000）
売　掛　金	（　　　700,000）		（前受）収益	②　　120,000）
貸倒引当金	（△　　　14,000）	②　　686,000）	未払消費税	②　　556,500）
商　　　品		②　　705,000）	未払法人税等	②　　550,000）
（前払）費用		②　　 12,000）	資　本　金	（　　10,000,000）
建　　　物	（　　9,000,000）		繰越利益剰余金	②　7,467,500）
減価償却累計額	（△　3,900,000）	（　　5,100,000）		
備　　　品	（　　1,800,000）			
減価償却累計額	（△　　240,000）	②　1,560,000）		
土　　　地		（　　8,676,000）		
		（　　29,344,000）		（　　29,344,000）

損 益 計 算 書

（単位：円）

費　用	金　額		収　益	金　額	
売 上 原 価	②　7,945,000）		売 上 高	（　　12,000,000）	
給　　　料	（　　　600,000）		受取手数料	②　　 60,000）	
水 道 光 熱 費	（　　　256,000）				
保　険　料	（　　　 52,000）				
通　信　費	②　　 48,000）				
支 払 家 賃	（　　　300,000）				
減 価 償 却 費	②　　540,000）				
貸倒引当金繰入	②　　 12,000）				
支 払 利 息	（　　　 61,000）				
雑（　損　）	②　　　1,000）				
固定資産売却損	②　　400,000）				
法人税,住民税及び事業税	②　　550,000）				
当 期 純 利 益	③　1,295,000）				
	（　　12,060,000）			（　　12,060,000）	

解説

(1) 現金過不足

（借）通 信 費	5,000	（貸）現 金 過 不 足	6,000
雑　　　損	1,000		

(2) 仮受金

　　　　（借）仮　受　金　　　64,000　　（貸）売　掛　金　　　64,000

(3) 車両の売却

　　　　（借）車両減価償却累計額　2,100,000　　（貸）固定資産売却損　2,100,000

(4) 貸倒引当金

　　　　（借）貸倒引当金繰入*1　12,000　　（貸）貸倒引当金　12,000

*1　(¥764,000 − ¥64,000) × 2 % = ¥14,000
　　　　前T/B売掛金　　2．修正　　　　　　　貸倒引当金

　　¥14,000 − ¥2,000 = ¥12,000
　　貸倒引当金

(5) 期末商品棚卸高

　　　　（借）仕　　　　入　　650,000　　（貸）繰　越　商　品　　650,000
　　　　　　　繰　越　商　品　705,000　　　　　仕　　　　入　　705,000

(6) 減価償却費

　　　　（借）減　価　償　却　費　540,000　　（貸）建物減価償却累計額*1　300,000
　　　　　　　　　　　　　　　　　　　　　　　　　備品減価償却累計額*2　240,000

*1　建物：¥9,000,000 ÷ 30年 = ¥300,000
　　　　　　取得原価

*2　備品：¥1,800,000 ÷ 5 年 × $\frac{8 ヵ月}{12 ヵ月}$ = ¥240,000
　　　　　　取得原価

(7) 未払消費税

　　　　（借）仮　受　消　費　税　1,200,000　　（貸）仮　払　消　費　税　　643,500
　　　　　　　　　　　　　　　　　　　　　　　　　未　払　消　費　税*1　556,500

*1　貸借差額

(8) 前払保険料

　　　　（借）前　払　保　険　料　12,000　　（貸）保　　険　　料　　12,000

(9) 前受手数料

　　　　（借）受　取　手　数　料　120,000　　（貸）前　受　手　数　料*1　120,000

*1　¥180,000 × $\frac{8 ヵ月}{12 ヵ月}$ = ¥120,000

(10) 法人税，住民税及び事業税

　　　　（借）法人税，住民税　550,000　　（貸）未払法人税等　550,000
　　　　　　　及 び 事 業 税

第4回　模擬試験問題

第一問（各3点・計45点）

	仕		訳	
	借 方 科 目	金 額	貸 方 科 目	金 額
(1)	オ	500,000	ウ	495,000
			ア	5,000
(2)	ア	150,000	エ	303,000
	イ	153,000		
	カ	3,000	オ	3,000

92

		仕		訳	
	借 方 科 目	金　額	貸 方 科 目	金　額
(3)	ア	60,000	エ	200,000
	イ	140,000		
(4)	エ	225,000	イ	225,000
(5)	エ	70,000	ウ	17,500
			イ	52,500
(6)	ア	1,000,000	オ	1,000,000
(7)	ウ	300,000	エ	440,000
	ア	80,000		
	イ	60,000		
(8)	ウ	100,000	オ	100,000
(9)	ア	*1 91,000	イ	91,300
	エ	300		
(10)	イ	205,000	エ	205,000
(11)	ウ	20,000	イ	20,000
(12)	イ	1,000	エ	1,000
(13)	イ	50,000	ア	50,000
(14)	ウ	37,000	ア	74,000
	オ	37,000		
(15)	イ	242,000	エ	220,000
			オ	22,000

*1　￥100,000 − ￥9,000 = ￥91,000

第二問①（各2点・計12点）

①	②	③	④	⑤	⑥
210,000	前払家賃	225,000	前払家賃	損　益	885,000

解説

前 払 家 賃

月	日	摘　要	金　額	月	日	摘　要	金　額
4	1	前 期 繰 越	210,000	4	1	支 払 家 賃	210,000
3	31	支 払 家 賃	225,000	3	31	次 期 繰 越	225,000
			435,000				435,000

支　払　家　賃

月	日	摘　要	金　額	月	日	摘　要	金　額
4	1	前 払 家 賃	210,000	3	31	前 払 家 賃	225,000
7	1	現　　金	900,000		〃	損　　益	885,000
			1,110,000				1,110,000

4月1日　再振替仕訳

　　　　（借）支 払 家 賃　　　210,000　　（貸）前 払 家 賃　　　210,000

*1　￥900,000 − ￥60,000 = ￥840,000　￥840,000 × $\frac{3ヵ月}{12ヵ月}$ = ￥210,000

　　7月1日　家賃の支払い

　　　　（借）支 払 家 賃　　　900,000　　（貸）現　　　金　　　900,000

　　3月31日　決　算

　　　　（借）前 払 家 賃　　　225,000　　（貸）支 払 家 賃　　　225,000

*1　￥900,000 × $\frac{3ヵ月}{12ヵ月}$ = ￥225,000

第二問②（□1つにつき1点・計8点）

仕訳日計表

X2年8月1日　　　　　　5

借　方	元丁	勘 定 科 目	元丁	貸　方
232,000		現　　金		236,000
86,000	2	普 通 預 金	2	75,000
200,000		売 掛 金		70,000
125,000		備　品		
60,000		買 掛 金		
		未 払 金		125,000
		売　上		350,000
		受 取 手 数 料		12,000
90,000		仕　入		
75,000		通 信 費		
868,000				868,000

＜総 勘 定 元 帳＞

X2年度　　　　　　普 通 預 金　　　　　　2

月	日	摘　要	仕丁	借　方	貸　方	借/貸	残　高
8	1	前月繰越	✓	70,000		借	70,000
	〃	仕訳日計表	5	86,000		〃	156,000
	〃	仕訳日計表	5		75,000	〃	81,000

<得 意 先 元 帳>

X2年度 　　　　　　　　　　　　東京株式会社 　　　　　　　　　　　　　　　　1

月	日	摘　　要	仕丁	借　方	貸　方	借/貸	残　高
8	1	前月繰越	✓	500,000		借	500,000
	〃	振替伝票	503	200,000		〃	700,000
	〃	入金伝票	103		70,000	〃	630,000

解説

・入金伝票

（借）現		金	232,000	（貸）売		上	150,000
				受 取 手 数 料			12,000
				売 　 掛 　 金			70,000

・出金伝票

（借）買 　 掛 　 金			60,000	（貸）現		金	236,000
普 　 通 　 預 　 金			86,000				
仕		入	90,000				

・振替伝票

（借）備		品	125,000	（貸）未 　 払 　 金			125,000
通 　 信 　 費			75,000	普 　 通 　 預 　 金			75,000
売 　 掛 　 金			200,000	売		上	200,000

第三問（□ 2 点，□ 3 点・計35点）

精　算　表

（単位：円）

勘 定 科 目	残高試算表 借方	残高試算表 貸方	修正記入 借方	修正記入 貸方	損益計算書 借方	損益計算書 貸方	貸借対照表 借方	貸借対照表 貸方
現　　　　　金	250,000		2,500				252,500	
普 通 預 金	2,480,000						2,480,000	
受 取 手 形	300,000						300,000	
売 　 掛 　 金	714,000		66,000	80,000			700,000	
仮 　 払 　 金	90,000			90,000				
仮 払 法 人 税 等	80,000			80,000				
仮 払 消 費 税	180,000			180,000				
繰 越 商 品	165,000		164,000	165,000			164,000	
建　　　　　物	3,000,000						3,000,000	
備　　　　　品	400,000		90,000				490,000	
買 　 掛 　 金		554,000						554,000
仮 　 受 　 金		80,000	80,000					
借 　 入 　 金		1,100,000						1,100,000
仮 受 消 費 税		220,000	226,000	6,000				
貸 倒 引 当 金		15,000		5,000				20,000
建物減価償却累計額		1,215,000		135,000				1,350,000
備品減価償却累計額		100,000		53,750				153,750
資 　 本 　 金		2,000,000						2,000,000
繰越利益剰余金		644,000						644,000
売 　 　 　 上		4,436,000		60,000		4,496,000		
受 取 手 数 料		200,000		2,000		202,000		
仕 　 　 　 入	2,050,000			2,050,000				
給 　 　 　 料	431,000				431,000			
保 　 険 　 料	111,000			32,500	78,500			
旅 費 交 通 費	280,000				280,000			
支 払 利 息	33,000				33,000			
	10,564,000	10,564,000						
売 上 原 価			165,000	164,000	2,051,000			
			2,050,000					
貸倒引当金繰入			5,000		5,000			
減 価 償 却 費			188,750		188,750			
雑 （　益　）				500		500		
（前 払）保険料			32,500				32,500	
（未 払）消費税				46,000				46,000
（未 払）法人税等				70,000				70,000
法人税，住民税及び事業税			150,000		150,000			
当期純（利益）					1,481,250			1,481,250
			3,219,750	3,219,750	4,698,500	4,698,500	7,419,000	7,419,000

解説

(1) 仮払金

（借）備 品	90,000		（貸）仮 払 金	90,000

(2) 掛け売上

（借）売 掛 金	66,000	（貸）売 上	60,000
		仮 受 消 費 税*1	6,000

*1 ￥60,000×10％＝￥6,000

(3) 仮受金

（借）仮 受 金	80,000	（貸）売 掛 金	80,000

(4) 現金過不足

（借）現 金	2,500	（貸）受 取 手 数 料	2,000
		雑 益	500

(5) 期末商品棚卸高

（借）売 上 原 価	165,000	（貸）繰 越 商 品	165,000
繰 越 商 品	164,000	売 上 原 価	164,000
売 上 原 価	2,050,000	仕 入	2,050,000

(6) 貸倒引当金

（借）貸 倒 引 当 金 繰 入*1	5,000	（貸）貸 倒 引 当 金	5,000

*1 （￥300,000＋￥714,000＋￥66,000－￥80,000）×2％＝￥20,000
（受取手形）（売掛金）（貸倒引当金）
　￥20,000－￥15,000＝￥5,000
（貸倒引当金）

(7) 減価償却費

（借）減 価 償 却 費	188,750	（貸）建物減価償却累計額*1	135,000
		備品減価償却累計額*2	53,750

*1 ￥3,000,000×0.9÷20年＝￥135,000

*2 ① ￥400,000÷8年＝￥50,000

② ￥90,000÷8年×$\frac{4 \text{ヵ月}}{12 \text{ヵ月}}$＝￥3,750 ①＋②＝￥53,750

(8) 保険料

（借）前 払 保 険 料*1	32,500	（貸）保 険 料	32,500

*1 ￥78,000×$\frac{5 \text{ヵ月}}{12 \text{ヵ月}}$＝￥32,500

(9) 未払消費税

（借）仮 受 消 費 税*1	226,000	（貸）仮 払 消 費 税	180,000
		未 払 消 費 税	46,000

*1 ￥220,000＋￥6,000＝￥226,000

(10) 法人税，住民税及び事業税

（借）法 人 税，住 民 税	150,000	（貸）仮 払 法 人 税 等	80,000
及 び 事 業 税		未 払 法 人 税 等	70,000

第5回　模擬試験問題

第一問（各3点・計45点）

	仕		訳	
	借 方 科 目	金　額	貸 方 科 目	金　額
(1)	イ	30,000	エ	30,000
(2)	エ	76,500	ア	76,500
(3)	エ	120,000	ウ	120,000
(4)	エ	5,500	イ	17,000
	オ	8,100		
	カ	3,400		
(5)	イ	32,000	エ	32,000
(6)	エ	500,000	ウ	500,000
(7)	オ	77,000	ウ	200,000
	エ	123,000		
(8)	エ	50,000	ウ	50,000
(9)	ア	1,000	カ	1,000
(10)	イ	305,000	エ	305,000
(11)	ア	20,000	イ	20,000
(12)	オ	600,000	ア	600,000
(13)	ア	15,150,000	イ	15,000,000
			オ	*1　150,000
(14)	エ	90,000	イ	90,000
(15)	ア	392,000	エ	431,200
	ウ	39,200		

*1　￥15,000,000×1％=￥150,000

第二問①（□1つにつき2点・計10点）

×1年度

商 品 有 高 帳

日 付		摘 要	受 入			払 出			残 高		
			数量	単価	金 額	数量	単価	金 額	数量	単価	金 額
6	1	前月繰越	200	100	20,000				200	100	20,000
	3	仕 入	100	110	11,000				200	100	20,000
									100	110	11,000
	7	売 上				200	100	20,000			
						50	110	5,500	50	110	5,500
	10	仕 入	120	120	14,400				50	110	5,500
									120	120	14,400
	15	売 上				50	110	5,500			
						20	120	2,400	100	120	12,000
	30	次月繰越				100	120	12,000			
			420		45,400	420		45,400			

第二問②（各1点・計10点）

①	②	③	④	⑤
145,000	200,000	255,000	仕　　入	150,000
⑥	⑦	⑧	⑨	⑩
普通預金	850,000	515,000	100,000	595,000

解説

①前期繰越：¥200,000（買掛金） − ¥55,000（大阪株式会社） = ¥145,000（函館株式会社）

②仕　　入：¥650,000（仕入） − ¥450,000（函館株式会社） = ¥200,000（大阪株式会社）

③¥55,000（前期繰越） + ¥200,000（大阪株式会社） = ¥255,000

④買掛金勘定の増加取引は誤記入等を除くと仕入取引のみであるため「仕入」が記入されます。

⑤は買掛金勘定の貸方に記帳されている相手科目が「仕入」という部分から仕入返品と推定します。そのため，金額は¥150,000となります。

⑦¥200,000（前期繰越） + ¥650,000（掛け仕入） = ¥850,000

⑥・⑧　本問は買掛金勘定の減少について仕入返品と普通預金からの支払いによる取引が該当します。仕入返品については問題に記載されているため，⑥には「普通預金」が入ります。⑧は⑦¥850,000 − ¥150,000（仕入返品） − ¥185,000（次期繰越） = ¥515,000（普通預金減少額）と計算できます。

⑨次期繰越：¥185,000（大阪株式会社） − ¥85,000（函館株式会社） = ¥100,000

⑩¥145,000（前期繰越） + ¥450,000（函館株式会社） = ¥595,000

第三問（金額の横の丸数字が配点・計35点）

決算整理後残高試算表　　　　　（単位：円）

借　方		勘　定　科　目	貸　方	
②	550,000	現　　　　　　金		
	1,000,000	当　座　預　金		
	350,000	受　取　手　形		
	200,000	売　　掛　　金		
		貸　倒　引　当　金	②	11,000
②	510,000	繰　越　商　品		
	5,000,000	貸　　付　　金		
②	37,500	未　収　利　息		
	4,500,000	建　　　　　　物		
		建物減価償却累計額	②	2,475,000
	1,300,000	備　　　　　　品		
		備品減価償却累計額	②	475,000
	13,676,000	土　　　　　　地		
		買　　掛　　金		580,000
		前　　受　　金	②	100,000
		借　　入　　金		4,800,000
		未　払　給　料	③	25,000
		未　払　法　人　税　等	②	135,000
		未　払　消　費　税	②	998,000
		資　　本　　金		12,000,000
		繰　越　利　益　剰　余　金	②	4,847,500
		売　　　　　　上		8,000,000
		受　取　利　息		112,500
②	5,050,000	仕　　　　　　入		
	675,000	給　　　　　料		
②	120,000	水　道　光　熱　費		
	36,000	保　　険　　料		
	40,000	通　　信　　費		
	624,000	支　払　家　賃		
②	362,500	減　価　償　却　費		
②	5,000	貸　倒　引　当　金　繰　入		
	72,000	支　払　利　息		
②	1,000	雑　（　　損　　）		
②	450,000	法人税, 住民税及び事業税		
	34,559,000			34,559,000

解説

(1) 現金過不足

| | (借) 水 道 光 熱 費 | 4,000 | (貸) 現　　　金 | 5,000 |
| | 雑　　　損 | 1,000 | | |

(2) 仮払金

| | (借) 備　　　品 | 400,000 | (貸) 仮　払　金 | 400,000 |

(3) 仮受金

| | (借) 仮　受　金 | 100,000 | (貸) 前　受　金 | 100,000 |

(4) 貸倒引当金

| | (借) 貸倒引当金繰入 | 5,000 | (貸) 貸 倒 引 当 金*1 | 5,000 |

*1 (¥350,000 + ¥200,000) × 2％ = ¥11,000
（受取手形　売掛金）（貸倒引当金）

¥11,000 − ¥6,000 = ¥5,000
（貸倒引当金）

(5) 期末商品棚卸高

| | (借) 仕　　　入 | 560,000 | (貸) 繰 越 商 品 | 560,000 |
| | 繰 越 商 品 | 510,000 | 仕　　　入 | 510,000 |

(6) 減価償却

| | (借) 減 価 償 却 費 | 362,500 | (貸) 建物減価償却累計額*1 | 225,000 |
| | | | 備品減価償却累計額*2 | 137,500 |

*1 建物：¥4,500,000 ÷ 20年 = ¥225,000

*2 備品：① ¥900,000 ÷ 8 年 = ¥112,500

② $400,000 ÷ 8 年 × \dfrac{6 ヵ月}{12 ヵ月} = ¥25,000$　① + ② = ¥137,500

(7) 未払消費税

| | (借) 仮 受 消 費 税 | 1,520,000 | (貸) 仮 払 消 費 税 | 522,000 |
| | | | 未 払 消 費 税 | 998,000 |

(8) 未払給料

| | (借) 給　　　料 | 25,000 | (貸) 未 払 給 料*1 | 25,000 |

*1 ¥5,000 × 5 人 = ¥25,000

(9) 未収利息

| | (借) 未 収 利 息*1 | 37,500 | (貸) 受 取 利 息 | 37,500 |

*1 $¥5,000,000 × 3％ × \dfrac{3 ヵ月}{12 ヵ月} = ¥37,500$

(10) 法人税，住民税及び事業税

| | (借) 法人税，住民税 | 450,000 | (貸) 仮払法人税等 | 315,000 |
| | 及 び 事 業 税 | | 未払法人税等 | 135,000 |

第6回　模擬試験問題

第一問（各3点・計45点）

<table>
<tr><th rowspan="2"></th><th colspan="4">仕　　　　　訳</th></tr>
<tr><th>借　方　科　目</th><th>金　　額</th><th>貸　方　科　目</th><th>金　　額</th></tr>
<tr><td>(1)</td><td>オ</td><td>3,000</td><td>イ</td><td>3,000</td></tr>
<tr><td>(2)</td><td>カ</td><td>20,500</td><td>ア</td><td>20,500</td></tr>
<tr><td>(3)</td><td>ア</td><td>80,000</td><td>オ</td><td>80,000</td></tr>
<tr><td rowspan="3">(4)</td><td>エ</td><td>2,500</td><td>ア</td><td>13,800</td></tr>
<tr><td>ウ</td><td>8,000</td><td></td><td></td></tr>
<tr><td>カ</td><td>3,300</td><td></td><td></td></tr>
<tr><td rowspan="2">(5)</td><td>ウ</td><td>2,040,000</td><td>ア</td><td>2,000,000</td></tr>
<tr><td></td><td></td><td>カ</td><td>*1　40,000</td></tr>
<tr><td>(6)</td><td>ウ</td><td>35,000</td><td>オ</td><td>35,000</td></tr>
<tr><td rowspan="2">(7)</td><td>ウ</td><td>3,100,000</td><td>イ</td><td>2,100,000</td></tr>
<tr><td></td><td></td><td>オ</td><td>1,000,000</td></tr>
<tr><td>(8)</td><td>エ</td><td>20,000</td><td>ア</td><td>20,000</td></tr>
<tr><td rowspan="2">(9)</td><td>イ</td><td>2,000</td><td>エ</td><td>800</td></tr>
<tr><td></td><td></td><td>オ</td><td>1,200</td></tr>
<tr><td>(10)</td><td>ウ</td><td>2,000,000</td><td>イ</td><td>2,000,000</td></tr>
<tr><td>(11)</td><td>エ</td><td>10,000</td><td>ア</td><td>10,000</td></tr>
<tr><td>(12)</td><td>イ</td><td>1,000</td><td>エ</td><td>1,000</td></tr>
<tr><td rowspan="3">(13)</td><td>エ</td><td>*2　270,000</td><td>イ</td><td>900,000</td></tr>
<tr><td>ア</td><td>300,000</td><td></td><td></td></tr>
<tr><td>オ</td><td>*3　330,000</td><td></td><td></td></tr>
<tr><td>(14)</td><td>ア</td><td>30,000</td><td>カ</td><td>30,000</td></tr>
<tr><td rowspan="3">(15)</td><td>イ</td><td>80,000</td><td>ア</td><td>180,000</td></tr>
<tr><td>エ</td><td>65,000</td><td></td><td></td></tr>
<tr><td>オ</td><td>35,000</td><td></td><td></td></tr>
</table>

*1　$¥2,000,000 \times 5\% \times \dfrac{146日}{365日} = ¥40,000$

*2　$(¥900,000 \times 0.9 \div 9年) \times 3年 = ¥270,000$

*3　貸借差額

102

第二問① （▦1点，▢2点，▭3点・計15点）

×1年度　　　　　　　　商　品　有　高　帳

日付		摘要	受入			払出			残高		
			数量	単価	金額	数量	単価	金額	数量	単価	金額
6	1	前月繰越	200	100	20,000				200	100	20,000
	3	仕入	100	160	16,000				300	120	36,000
	7	売上				200	120	24,000	100	120	12,000
	10	仕入	150	260	39,000				250	204	51,000
	15	売上				200	204	40,800	50	204	10,200
	20	売上返品	50	204	10,200				100	204	20,400
	30	次月繰越				100	204	20,400			
			500		85,200	500		85,200			

売上高	売上原価	売上総利益	月末商品棚卸高
105,000円	54,600円	50,400円	20,400円

解説

売上高：（200個×@¥300）＋（200個×@¥300）－（50個×@¥300）＝¥105,000

売上原価：¥24,000＋¥40,800－¥10,200＝¥54,600

売上総利益：¥105,000－¥54,600＝¥50,400

第二問② （各1点・計5点）

①	②	③	④	⑤
50,000	190,000	カ	150,000	エ

解説

（1）出金伝票
　　　　（借）仕　　入　　50,000　（貸）現　　金　　50,000
　　振替伝票
　　　　（借）仕　　入　　190,000　（貸）買　掛　金　　190,000
（2）振替伝票
　　　　（借）備　　品　　300,000　（貸）未　払　金　　300,000
　　出金伝票
　　　　（借）未　払　金　　150,000　（貸）現　　金　　150,000

第三問（金額の横の丸数字が配点・計35点）

貸 借 対 照 表 （単位：円）

資　　産		金　　額		負債及び純資産	金　　額	
現　　　　　金			（　　　732,000）	買　　掛　　金	（　　　894,000）	
小　口　現　金		②	42,000）	手 形 借 入 金	（　　3,000,000）	
普　通　預　金			（　12,100,000）	（未　払）費　用	②	45,000）
受　取　手　形	（　　　350,000）			（未　払）消費税	②	410,000）
貸 倒 引 当 金	（△　　　7,000）		（　　　343,000）	未払法人税等	（　　　310,000）	
売　　　掛　　金	（　　　750,000）			資　　本　　金	（　11,000,000）	
貸 倒 引 当 金	（△　　15,000）		（　　　735,000）	繰越利益剰余金	③　2,856,750）	
商　　　　　品		②	500,000）			
未　収　入　金		②	105,000）			
（前　払）費　用		②	37,500）			
建　　　　　物	（　　2,500,000）					
減価償却累計額	（△　1,218,750）	②	1,281,250）			
備　　　　　品	（　　　350,000）					
減価償却累計額	（△　　210,000）	②	140,000）			
土　　　　　地			（　　2,500,000）			
			（　18,515,750）		（　18,515,750）	

損 益 計 算 書 （単位：円）

費　　用	金　　額		収　　益	金　　額	
売　上　原　価	②	17,300,000）	売　　上　　高	（　20,000,000）	
給　　　　　料	（　　1,119,000）		固定資産売却益	②	100,000）
保　　険　　料	（　　　87,000）				
通　　信　　費	（　　　57,000）				
旅　費　交　通　費	②	125,000）			
消　耗　品　費	②	73,000）			
減　価　償　却　費	（　　　163,750）				
貸倒引当金繰入	②	14,000）			
支　払　利　息	②	112,500）			
法人税, 住民税及び事業税	②	310,000）			
当　期　純　利　益	②	738,750）			
	（　20,100,000）			（　20,100,000）	

104

解説

(1) 小口現金

		借方			貸方
（借）	消耗品費	3,000	（貸）	小口現金	8,000
	旅費交通費	5,000			

(2) 仮受金

		借方			貸方
（借）	仮受金	2,600,000	（貸）	土地 *1	2,500,000
				固定資産売却益	100,000

*1　¥5,000,000 ÷ 2 = ¥2,500,000

(3) 保険の解約

		借方			貸方
（借）	未収入金	105,000	（貸）	保険料 *1	105,000

*1　$¥180,000 \times \dfrac{7 \text{ヵ月}}{12 \text{ヵ月}} = ¥105,000$

(4) 貸倒引当金

		借方			貸方
（借）	貸倒引当金繰入	14,000	（貸）	貸倒引当金 *1	14,000

*1　$(\underset{\text{受取手形}}{¥350,000} + \underset{\text{売掛金}}{¥750,000}) \times 2\% = \underset{\text{貸倒引当金}}{¥22,000}$

　　$\underset{\text{貸倒引当金}}{¥22,000} - ¥8,000 = ¥14,000$

(5) 期末商品棚卸高

		借方			貸方
（借）	仕入	800,000	（貸）	繰越商品	800,000
	繰越商品	500,000		仕入	500,000

(6) 減価償却

		借方			貸方
（借）	減価償却費	163,750	（貸）	建物減価償却累計額 *1	93,750
				備品減価償却累計額 *2	70,000

*1　建物：¥2,500,000 × 0.9 ÷ 24年 = ¥93,750

*2　備品：¥350,000 ÷ 5年 = ¥70,000

(7) 未払消費税

		借方			貸方
（借）	仮受消費税	1,970,000	（貸）	仮払消費税	1,560,000
				未払消費税	410,000

(8) 前払利息

		借方			貸方
（借）	前払利息 *1	37,500	（貸）	支払利息	37,500

*1　$¥3,000,000 \times 5\% \times \dfrac{3 \text{ヵ月}}{12 \text{ヵ月}} = ¥37,500$

(9) 未払給料

		借方			貸方
（借）	給料	45,000	（貸）	未払給料	45,000

(10) 法人税，住民税及び事業税

		借方			貸方
（借）	法人税，住民税及び事業税	310,000	（貸）	未払法人税等	310,000

第7回　模擬試験問題

第一問（各3点・計45点）

	仕　訳			
	借　方　科　目	金　額	貸　方　科　目	金　額
(1)	オ	1,000	ア	1,000
(2)	カ	201,000	イ	50,000
			ウ	150,000
			ア	1,000
(3)	ウ	40,000	ア	50,000
	イ	10,000		
(4)	ア	*1　200,000	ウ	200,000
(5)	エ	160,000	ウ	200,000
	イ	50,000	オ	10,000
(6)	イ	1,986,000	エ	2,000,000
	カ	*2　14,000		
(7)	ウ	3,300,000	ア	3,300,000
(8)	ウ	50,000	ア	50,000
(9)	カ	500,000	エ	500,000
(10)	エ	70,000	イ	70,000
(11)	オ	120,000	ア	120,000
(12)	ウ	300,000	ア	400,000
	カ	100,000		
(13)	エ	500,000	イ	500,000
(14)	エ	70,000	オ	70,000
(15)	イ	100,000	カ	100,000

*1　800株×@¥250＝¥200,000

*2　$¥2,000,000 × 3.65\% × \dfrac{70日}{365日} = ¥14,000$

第二問①（各1点・計12点）

①	②	③	④	⑤	⑥
損　益	2,000,000	繰越商品	60,000	繰越商品	85,000
⑦	⑧	⑨	⑩	⑪	⑫
損　益	1,200,000	仕　入	85,000	次期繰越	85,000

106

解説

	売	上		（単位：円）
売 上 返 品	100,000	売 上 高		2,100,000
（3/31） 損 益	2,000,000			
	2,100,000			2,100,000

	仕	入		（単位：円）
当 期 仕 入 高	1,225,000	（3/31） 繰 越 商 品	85,000
（3/31） 繰 越 商 品	60,000	（〃） 損 益	1,200,000
	1,285,000		1,285,000

	繰 越 商 品		（単位：円）
4/1 前 期 繰 越	60,000	（3/31） 仕 入	60,000
（3/31） 仕 入	85,000	（〃） 次 期 繰 越	85,000
	145,000		145,000

1．売上（決算振替仕訳）

（借）売 上 2,000,000 （貸）損 益 2,000,000

2．期末商品棚卸高（決算整理仕訳）

（借）仕 入 60,000 （貸）繰 越 商 品 60,000
繰 越 商 品 85,000 仕 入 85,000

3．仕入（決算振替仕訳）

（借）損 益 1,200,000 （貸）仕 入 1,200,000

第二問② （(1)2点, (2)(3)各3点・計8点）

	借 方 科 目	金 額	貸 方 科 目	金 額
(1)	○			

	借 方 科 目	金 額	貸 方 科 目	金 額
(2)	減 価 償 却 費	*1 14,000	固定資産売却益	14,000

	借 方 科 目	金 額	貸 方 科 目	金 額
(3)	売 上	*2 32,000	売 掛 金	32,000

解説

*1 　$¥420,000 \div 10年 \times \dfrac{4ヵ月}{12ヵ月} = ¥14,000$

*2 　本問は下記のように誤記入をした場合を想定しています。

	借　方　科　目	金　額	貸　方　科　目	金　額
誤	売　　掛　　金	16,000	売　　　　　　上	16,000

そのため，誤記入の修正仕訳と正しい仕訳の2つを行う必要があります。それらの仕訳をまとめて解答します。

	借　方　科　目	金　額	貸　方　科　目	金　額	
修正	売　　　　　　上	16,000	売　　掛　　金	16,000	◀ この2つの仕訳を
正	売　　　　　　上	16,000	売　　掛　　金	16,000	◀ まとめて解答する

第三問（金額の横の丸数字が配点・計35点）

決算整理後残高試算表　　　　　　（単位：円）

借　　　方		勘　定　科　目	貸　　　方	
②	70,000	現　　　　　　　　金		
	5,610,000	普　通　預　金		
	800,000	売　　掛　　金		
②	72,000	繰　越　商　品		
②	18,750	前　払　保　険　料		
	4,000,000	建　　　　　　物		
②	990,000	備　　　　　　品		
		貸　倒　引　当　金	②	16,000
		建 物 減 価 償 却 累 計 額	②	1,410,000
		備 品 減 価 償 却 累 計 額	②	405,000
		買　　掛　　金		683,000
		前　　受　　金		125,000
		未　払　消　費　税	②	336,000
		未　払　法　人　税　等	②	550,000
		前　受　家　賃	②	248,000
		借　　入　　金		2,000,000
		資　　本　　金		4,000,000
		繰　越　利　益　剰　余　金		585,000
		売　　　　　　上		8,750,000
		受　取　家　賃	②	744,000
②	5,393,000	仕　　　　　　入		
	1,352,000	給　　　　　　料		
②	380,000	旅　費　交　通　費		
	86,000	通　　信　　費		
	56,250	保　　険　　料		
②	160,000	貸　倒　損　失		
	245,000	減　価　償　却　費		
②	7,000	貸　倒　引　当　金　繰　入		
②	2,000	雑　　　　　　損		
	60,000	支　払　利　息		
	550,000	法人税，住民税及び事業税		
	19,852,000			19,852,000

当　期　純　利　益	③	1,202,750円

解説

(1) 現金過不足

（借）旅 費 交 通 費	5,000	（貸）現　　　　　金	7,000
雑　　　　　損	2,000		

(2) 仮払金

（借）備　　　　　品	240,000	（貸）仮　払　金	240,000

(3) 貸倒れ

（借）貸 倒 引 当 金	6,000	（貸）貸 倒 損 失	6,000

(4) 貸倒引当金

（借）貸倒引当金繰入	7,000	（貸）貸 倒 引 当 金*1	7,000

*1　$\underset{売掛金}{¥800,000} × 2\% = \underset{貸倒引当金}{¥16,000}$

　　$\underset{貸倒引当金}{¥16,000} - (¥15,000 - ¥6,000) = ¥7,000$

(5) 期末商品棚卸高

（借）仕　　　　　入	75,000	（貸）繰 越 商 品	75,000
繰 越 商 品	72,000	仕　　　　　入	72,000

(6) 減価償却

（借）減 価 償 却 費	245,000	（貸）建物減価償却累計額*1	90,000
		備品減価償却累計額*2	155,000

*1　建物：$¥4,000,000 × 0.9 ÷ 40年 = ¥90,000$

*2　備品：①　$¥750,000 ÷ 6年 = ¥125,000$

　　　　　②　$¥240,000 ÷ 6年 × \dfrac{9ヵ月}{12ヵ月} = ¥30,000$　①＋② ＝ ¥155,000

(7) 未払消費税

（借）仮 受 消 費 税	875,000	（貸）仮 払 消 費 税	539,000
		未 払 消 費 税	336,000

(8) 前払保険料

（借）保　　険　　料*1	6,250	（貸）前 払 保 険 料	6,250

*1　$¥25,000 ÷ (12ヵ月 - 8ヵ月) = ¥6,250$

(9) 前受家賃

（借）受 取 家 賃	248,000	（貸）前 受 家 賃*1	248,000

*1　$¥992,000 × \dfrac{4ヵ月}{16ヵ月} = ¥248,000$

(10) 法人税，住民税及び事業税

（借）法人税，住民税及び事業税	550,000	（貸）未 払 法 人 税 等	550,000

損　益　計　算　書　　　　（単位：円）

売　上　原　価	5,393,000	売　　上　　高	8,750,000
給　　　　　料	1,352,000	受　取　家　賃	744,000
旅　費　交　通　費	380,000		
通　　信　　費	86,000		
保　　険　　料	56,250		
貸　倒　損　失	160,000		
減　価　償　却　費	245,000		
貸倒引当金繰入	7,000		
雑　　　　　損	2,000		
支　払　利　息	60,000		
法人税, 住民税及び事業税	550,000		
当　期　純　利　益	1,202,750		
	9,494,000		9,494,000

第8回　模擬試験問題

第一問（各3点・計45点）

	仕　　　　　訳			
	借　方　科　目	金　　額	貸　方　科　目	金　　額
(1)	エ	5,000	ウ	5,000
(2)	ウ	200,000	ア	200,000
(3)	イ	79,400	エ	80,000
	カ	600		
(4)	ア	*1　1,440,000	エ	1,440,000
(5)	ア	2,000,000	ウ	1,970,000
			カ	*2　30,000
(6)	イ	100,000	オ	100,000
(7)	カ	500,000	エ	500,000
(8)	エ	15,000	イ	15,000
(9)	エ	1,200	イ	3,400
	オ	2,200		
(10)	イ	500,000	ウ	500,000
(11)	イ	800,000	ウ	800,000
(12)	ウ	1,000	ア	1,000

	仕		訳	
	借 方 科 目	金 額	貸 方 科 目	金 額
(13)	エ	*3 972,000	イ	3,600,000
	ウ	*4 135,000	カ	*5 7,000
	ア	2,500,000		
(14)	ア	30,000	オ	30,000
(15)	イ	150,000	カ	150,000

*1　800株×@¥1,800＝¥1,440,000

*2　$2,000,000 \times 6\% \times \dfrac{3 \,ヵ月}{12\,ヵ月} = ¥30,000$

*3　（¥3,600,000×0.9÷10年）×3年＝¥972,000

*4　$（¥3,600,000 \times 0.9 \div 10年） \times \dfrac{5\,ヵ月}{12\,ヵ月} = ¥135,000$

*5　貸借差額

第二問①（各2点・計16点）

①	②	③	④
15,000	未収利息	45,000	現 金
⑤	⑥	⑦	⑧
未収利息	15,000	損 益	45,000

解説

未 収 利 息

月	日	摘 要	金 額	月	日	摘 要	金 額
4	1	前 期 繰 越	15,000	4	1	受 取 利 息	15,000
3	31	受 取 利 息	15,000	3	31	次 期 繰 越	15,000
			30,000				30,000

受 取 利 息

月	日	摘 要	金 額	月	日	摘 要	金 額
4	1	未 収 利 息	15,000	11	30	現 金	45,000
3	31	損 益	45,000	3	31	未 収 利 息	15,000
			60,000				60,000

1．再振替仕訳　4月1日

　　（借）受 取 利 息　　　　15,000　（貸）未 収 利 息*1　　　　15,000

*1　$¥1,500,000 \times 3\% \times \dfrac{4\,ヵ月}{12\,ヵ月} = ¥15,000$

2．利　払　日　11月30日

（借）現　　　　金　　45,000　（貸）受　取　利　息*1　　45,000

*1　¥1,500,000×3％=¥45,000

3．決　　　算　　3月31日

（借）未　収　利　息　　15,000　（貸）受　取　利　息*1　　15,000

*1　$¥1,500,000 \times 3\％ \times \frac{4ヵ月}{12ヵ月} = ¥15,000$

第二問② （各1点・計4点）

①	②	③	④
ア	ウ	カ	ク

【解説】

1．主要簿には（仕訳帳）と総勘定元帳がある。

2．仕訳帳の合計額と合計試算表の合計額は一致（する）。

3．複数取引先がある場合，売掛金勘定と買掛金勘定は（統制勘定）となる。

4．企業の財政状態及び経営成績等を示す書類を総称して（財務諸表）という。

第三問 （金額の横の丸数字が配点・計35点）

貸　借　対　照　表　　　　　（単位：円）

資　産	金　額		負債及び純資産	金　額
現 金 預 金		（　5,795,000）	買　掛　金	（　683,000）
受 取 手 形	（　400,000）		前　受　金	（　125,000）
貸 倒 引 当 金	（△　4,000）	（　396,000）	（前受）収益	②　12,500
売　掛　金	（　800,000）		借　入　金	（　2,000,000）
貸 倒 引 当 金	（△　8,000）	②　792,000	（未払）消費税	②　336,000
商　　品		②　63,000	未払法人税等	②　338,900
（前払）費用		②　20,000	資　本　金	（　6,000,000）
貸　付　金		（　1,500,000）	繰越利益剰余金	②　2,470,600
建　　物	（　5,000,000）			
減価償却累計額	（△　1,750,000）	②　3,250,000		
備　　品	（　750,000）			
減価償却累計額	（△　600,000）	②　150,000		
		（　11,966,000）		（　11,966,000）

損　益　計　算　書　　　　　（単位：円）

費　　　用	金　　額	収　　　益	金　　額
売 上 原 価	（②　5,417,000)	売　　上　　高	（②　8,914,000)
給　　　　料	（　1,251,000)	受 取 家 賃	（　410,000)
保　険　料	（　30,000)	受 取 利 息	（②　17,500)
通　信　費	（　86,500)		
旅 費 交 通 費	（　175,000)		
減 価 償 却 費	（②　275,000)		
貸倒引当金繰入	（②　4,000)		
貸　倒　損　失	（②　80,000)		
支 払 利 息	（　60,000)		
法人税, 住民税及び事業税	（②　588,900)		
当 期 純 利 益	（③　1,374,100)		
	（　9,341,500)		（　9,341,500)

解説

(1) 誤記入

　　　（借）売　　　　上　　16,000　　（貸）売　掛　金　　16,000

(2) 誤記入

　　　（借）売　　　　上　　70,000　　（貸）売　掛　金　　70,000

(3) 貸倒れ

　　　（借）貸 倒 引 当 金　　7,000　　（貸）貸 倒 損 失　　7,000

(4) 貸倒引当金

　　　（借）貸倒引当金繰入　　4,000　　（貸）貸 倒 引 当 金*1　　4,000

*1　（¥400,000 ＋ ¥886,000 − ¥16,000 − ¥70,000）× 1 ％ = ¥12,000
（受取手形　売掛金　　　　　　　　　　　　　　　　　　貸倒引当金）

　　　¥12,000 − （¥15,000 − ¥7,000）= ¥4,000
（貸倒引当金）

(5) 期末商品棚卸高

　　　（借）仕　　　　入　　90,000　　（貸）繰 越 商 品　　90,000
　　　　　　繰 越 商 品　　63,000　　　　　仕　　　　入　　63,000

(6) 減価償却

　　　（借）減 価 償 却 費　　275,000　　（貸）建物減価償却累計額*1　　125,000
　　　　　　　　　　　　　　　　　　　　　　　　備品減価償却累計額*2　　150,000

*1　建物：¥5,000,000 ÷ 40年 = ¥125,000

*2　備品：¥750,000 ÷ 5 年 = ¥150,000

(7) 未払消費税

　　　（借）仮 受 消 費 税　　875,000　　（貸）仮 払 消 費 税　　539,000
　　　　　　　　　　　　　　　　　　　　　　　　未 払 消 費 税　　336,000

(8) 前受利息

　　　（借）受 取 利 息*1　　12,500　　（貸）前 受 利 息　　12,500

*1　$¥1,500,000 \times 2\% \times \dfrac{5 \text{ヵ月}}{12 \text{ヵ月}} = ¥12,500$

(9)　前払保険料

（借）前 払 保 険 料	20,000	（貸）保　　険　　料*1	20,000

*1　$¥50,000 \times \dfrac{8 \text{ヵ月}}{20 \text{ヵ月}} = ¥20,000$

(10)　法人税，住民税及び事業税

（借）法人税，住民税*1 　　　及 び 事 業 税	588,900	（貸）仮 払 法 人 税 等 　　　未 払 法 人 税 等	250,000 338,900

*1　$(\underset{\text{収益合計}}{¥9,341,500} - \underset{\text{費用合計}}{¥7,378,500}) \times 30\% = ¥588,900$

※次ページからは Chapter 3・模擬試験問題の答案用紙です。ミシン目で切り取って活用してください。

第1回　模擬試験問題・答案用紙

第一問

	仕　　　　訳			
	借　方　科　目	金　　額	貸　方　科　目	金　　額
(1)				
(2)				
(3)				
(4)				
(5)				
(6)				
(7)				
(8)				

116

	仕　　　　訳			
	借　方　科　目	金　　額	貸　方　科　目	金　　額
(9)				
(10)				
(11)				
(12)				
(13)				
(14)				
(15)				

第二問①

①	②	③	④	⑤	⑥
⑦	⑧	⑨	⑩	⑪	⑫

第二問②

	仕 訳			
	借 方 科 目	金 額	貸 方 科 目	金 額
（1）				
（2）				

118

第三問

精　算　表 (単位：円)

勘 定 科 目	試 算 表 借 方	試 算 表 貸 方	修正記入 借 方	修正記入 貸 方	損益計算書 借 方	損益計算書 貸 方	貸借対照表 借 方	貸借対照表 貸 方
現　　　　　金	520,000							
普 通 預 金	3,480,000							
当 座 預 金		780,000						
受 取 手 形	586,000							
売 掛 金	672,000							
仮　　払　　金	75,600							
仮 払 消 費 税	160,000							
繰 越 商 品	210,000							
備　　　　　品	350,000							
建　　　　　物	1,750,000							
現 金 過 不 足	2,500							
買 掛 金		954,000						
借 入 金		1,040,000						
仮 受 金		58,000						
仮 受 消 費 税		210,000						
貸 倒 引 当 金		16,800						
備品減価償却累計額		140,000						
建物減価償却累計額		1,050,000						
資 本 金		2,100,000						
繰 越 利 益 剰 余 金		760,000						
売　　　　　上		3,456,000						
受 取 手 数 料		151,200						
仕　　　　　入	1,928,900							
給　　　　料	475,000							
広 告 宣 伝 費	126,000							
旅 費 交 通 費	200,000							
支 払 利 息	180,000							
	10,716,000	10,716,000						
雑 （　　　）								
貸倒引当金繰入								
（　　　）								
減 価 償 却 費								
（　　）利息								
（　　）消費税								
（　　）法人税等								
法人税, 住民税及び事業税								
当 期 純 （　　）								

第2回　模擬試験問題・答案用紙

第一問

	仕　　　　　訳			
	借　方　科　目	金　　額	貸　方　科　目	金　　額
(1)				
(2)				
(3)				
(4)				
(5)				
(6)				
(7)				
(8)				

	仕 訳			
	借 方 科 目	金 額	貸 方 科 目	金 額
(9)				
(10)				
(11)				
(12)				
(13)				
(14)				
(15)				

第二問①

①	②	③	④	⑤	⑥

⑦	⑧	⑨	⑩	⑪	⑫

第二問②

①	②	③	④

第三問

貸 借 対 照 表　　　　　　（単位：円）

資　産	金　額		負債及び純資産	金　額
現　　　金		（　　　　）	買　掛　金	（　　　　）
当 座 預 金		（　　　　）	借　入　金	（　　　　）
売　掛　金	（　　　　）		（　　　）費用	（　　　　）
貸 倒 引 当 金	（△　　　）	（　　　　）	未 払 消 費 税	（　　　　）
商　　　品		（　　　　）	未 払 法 人 税 等	（　　　　）
（　　　）費用		（　　　　）	資　本　金	（　　　　）
備　　　品	（　　　　）		繰越利益剰余金	（　　　　）
減価償却累計額	（△　　　）	（　　　　）		
土　　　地		（　　　　）		
		（　　　　）		（　　　　）

損 益 計 算 書　　　　　　（単位：円）

費　用	金　額	収　益	金　額
売 上 原 価	（　　　　）	売 上 高	（　　　　）
給　　料	（　　　　）		
水 道 光 熱 費	（　　　　）		
保　険　料	（　　　　）		
通　信　費	（　　　　）		
支 払 家 賃	（　　　　）		
減 価 償 却 費	（　　　　）		
貸倒引当金繰入	（　　　　）		
支 払 利 息	（　　　　）		
雑（　　　）	（　　　　）		
法人税, 住民税及び事業税	（　　　　）		
当 期 純 利 益	（　　　　）		
	（　　　　）		（　　　　）

第3回　模擬試験問題・答案用紙
第一問

	仕 訳			
	借 方 科 目	金 額	貸 方 科 目	金 額
(1)				
(2)				
(3)				
(4)				
(5)				
(6)				
(7)				
(8)				

124

	仕　　　訳			
	借　方　科　目	金　　額	貸　方　科　目	金　　額
(9)				
(10)				
(11)				
(12)				
(13)				
(14)				
(15)				

第二問①

①	②	③	④	⑤	⑥
⑦	⑧	⑨	⑩	⑪	⑫

第二問②

	現　金出納帳	当座預金出納帳	仕入帳	売上帳	商品有高帳	仕入先元帳	得意先元帳	固定資産台帳	該当なし
(1)	☐	☐	☐	☐	☐	☐	☐	☐	☐
(2)	☐	☐	☐	☐	☐	☐	☐	☐	☐
(3)	☐	☐	☐	☐	☐	☐	☐	☐	☐
(4)	☐	☐	☐	☐	☐	☐	☐	☐	☐

第三問

貸 借 対 照 表　　　　　　　　　（単位：円）

資　　産	金　　額		負債及び純資産	金　　額
現　　　　　金		（　　　　　）	買　掛　金	（　　　　　）
普　通　預　金		（　　　　　）	借　入　金	（　　　　　）
売　掛　金	（　　　　　）		（　　　）収益	（　　　　　）
貸 倒 引 当 金	（△　　　　）	（　　　　　）	未 払 消 費 税	（　　　　　）
商　　　　品		（　　　　　）	未払法人税等	（　　　　　）
（　　）費用		（　　　　　）	資　本　金	（　　　　　）
建　　　　物	（　　　　　）		繰越利益剰余金	（　　　　　）
減価償却累計額	（△　　　　）	（　　　　　）		
備　　　　品	（　　　　　）			
減価償却累計額	（△　　　　）	（　　　　　）		
土　　　　地		（　　　　　）		
		（　　　　　）		（　　　　　）

損 益 計 算 書　　　　　　　　　（単位：円）

費　　用	金　　額	収　　益	金　　額
売 上 原 価	（　　　　　）	売　上　高	（　　　　　）
給　　　料	（　　　　　）	受 取 手 数 料	（　　　　　）
水 道 光 熱 費	（　　　　　）		
保　険　料	（　　　　　）		
通　信　費	（　　　　　）		
支 払 家 賃	（　　　　　）		
減 価 償 却 費	（　　　　　）		
貸倒引当金繰入	（　　　　　）		
支 払 利 息	（　　　　　）		
雑　（　　）	（　　　　　）		
固定資産売却損	（　　　　　）		
法人税, 住民税及び事業税	（　　　　　）		
当 期 純 利 益	（　　　　　）		
	（　　　　　）		（　　　　　）

第 4 回　模擬試験問題・答案用紙

第一問

	仕　　　訳			
	借　方　科　目	金　　額	貸　方　科　目	金　　額
(1)				
(2)				
(3)				
(4)				
(5)				
(6)				
(7)				
(8)				

	仕　　訳			
	借　方　科　目	金　　額	貸　方　科　目	金　　額
(9)				
(10)				
(11)				
(12)				
(13)				
(14)				
(15)				

第二問①

①	②	③	④	⑤	⑥

第二問②

仕訳日計表
X2年8月1日　　　　　　5

借　方	元丁	勘 定 科 目	元丁	貸　方
		現　　　　　金		
		普 通 預 金		
		売 　掛　 金		
		備　　　　　品		
		買 　掛　 金		
		未 　払　 金		
		売　　　　　上		
		受 取 手 数 料		
		仕　　　　　入		
		通 　信　 費		

＜総 勘 定 元 帳＞

X2年度　　　　　　普 通 預 金　　　　　　2

月	日	摘　　要	仕丁	借　方	貸　方	借/貸	残　高
8	1	前月繰越	✓	70,000		借	70,000

＜得 意 先 元 帳＞

X2年度　　　　　　東京株式会社　　　　　　1

月	日	摘　　要	仕丁	借　方	貸　方	借/貸	残　高
8	1	前月繰越	✓	500,000		借	500,000

第三問

精　算　表　　　　　　　　　　　　　　　　　（単位：円）

勘 定 科 目	残高試算表		修正記入		損益計算書		貸借対照表	
	借 方	貸 方	借 方	貸 方	借 方	貸 方	借 方	貸 方
現　　　　金	250,000							
普 通 預 金	2,480,000							
受 取 手 形	300,000							
売 　掛　 金	714,000							
仮 　払　 金	90,000							
仮払法人税等	80,000							
仮 払 消 費 税	180,000							
繰 越 商 品	165,000							
建　　　　物	3,000,000							
備　　　　品	400,000							
買 　掛　 金		554,000						
仮 　受　 金		80,000						
借 　入　 金		1,100,000						
仮 受 消 費 税		220,000						
貸 倒 引 当 金		15,000						
建物減価償却累計額		1,215,000						
備品減価償却累計額		100,000						
資 　本　 金		2,000,000						
繰越利益剰余金		644,000						
売　　　　上		4,436,000						
受 取 手 数 料		200,000						
仕　　　　入	2,050,000							
給　　　　料	431,000							
保 　険　 料	111,000							
旅 費 交 通 費	280,000							
支 払 利 息	33,000							
	10,564,000	10,564,000						
売 上 原 価								
貸倒引当金繰入								
減 価 償 却 費								
雑 （　　　）								
（　　　）保険料								
（　　　）消費税								
（　　　）法人税等								
法人税, 住民税及び事業税								
当 期 純 （　　）								

第5回　模擬試験問題・答案用紙
第一問

	仕　　　　訳			
	借　方　科　目	金　　額	貸　方　科　目	金　　額
(1)				
(2)				
(3)				
(4)				
(5)				
(6)				
(7)				
(8)				

	仕　　　　訳			
	借　方　科　目	金　　額	貸　方　科　目	金　　額
(9)				
(10)				
(11)				
(12)				
(13)				
(14)				
(15)				

第二問①

×1年度

商 品 有 高 帳

日 付		摘 要	受 入			払 出			残 高		
			数量	単価	金 額	数量	単価	金 額	数量	単価	金 額
6	1	前月繰越	200	100	20,000				200	100	20,000

第二問②

①	②	③	④	⑤
⑥	⑦	⑧	⑨	⑩

134

第三問

決算整理後残高試算表　　　　（単位：円）

借　　方	勘　定　科　目	貸　　方
	現　　　　　　　金	
	当　座　預　金	
	受　取　手　形	
	売　　掛　　金	
	貸　倒　引　当　金	
	繰　越　商　品	
	貸　　付　　金	
	未　収　利　息	
	建　　　　　物	
	建物減価償却累計額	
	備　　　　　品	
	備品減価償却累計額	
	土　　　　　地	
	買　　掛　　金	
	前　　受　　金	
	借　　入　　金	
	未　払　給　料	
	未　払　法　人　税　等	
	未　払　消　費　税	
	資　　本　　金	
	繰　越　利　益　剰　余　金	
	売　　　　　上	
	受　取　利　息	
	仕　　　　　入	
	給　　　　　料	
	水　道　光　熱　費	
	保　　険　　料	
	通　　信　　費	
	支　払　家　賃	
	減　価　償　却　費	
	貸　倒　引　当　金　繰　入	
	支　払　利　息	
	雑　　（　　　　　）	
	法人税，住民税及び事業税	

第一問

	仕　　　　　訳			
	借　方　科　目	金　　額	貸　方　科　目	金　　額
(1)				
(2)				
(3)				
(4)				
(5)				
(6)				
(7)				
(8)				

136

	仕 訳			
	借 方 科 目	金 額	貸 方 科 目	金 額
(9)				
(10)				
(11)				
(12)				
(13)				
(14)				
(15)				

第二問①

×1年度　　　　　　　　　　商　品　有　高　帳

日 付		摘 要	受 入			払 出			残 高		
			数量	単価	金 額	数量	単価	金 額	数量	単価	金 額
6	1	前月繰越	200	100	20,000				200	100	20,000

売 上 高	売上原価	売上総利益	月末商品棚卸高
円	円	円	円

第二問②

①	②	③	④	⑤

138

第三問

貸 借 対 照 表　　　　　　　　（単位：円）

資　産	金　額	負債及び純資産	金　額
現　　　金	（　　　）	買　掛　金	（　　　）
小 口 現 金	（　　　）	手 形 借 入 金	（　　　）
普 通 預 金	（　　　）	（　　）費用	（　　　）
受 取 手 形	（　　）	（　　）消費税	（　　　）
貸 倒 引 当 金	(△　　）	未 払 法 人 税 等	（　　　）
売　掛　金	（　　）	資　本　金	（　　　）
貸 倒 引 当 金	(△　　）	繰越利益剰余金	（　　　）
商　　　品	（　　　）		
未 収 入 金	（　　　）		
（　）費用	（　　　）		
建　　　物	（　　）		
減価償却累計額	(△　　）		
備　　　品	（　　）		
減価償却累計額	(△　　）		
土　　　地	（　　　）		
	（　　　）		（　　　）

損 益 計 算 書　　　　　　　　（単位：円）

費　用	金　額	収　益	金　額
売 上 原 価	（　　　）	売 上 高	（　　　）
給　　　料	（　　　）	固定資産売却益	（　　　）
保 険 料	（　　　）		
通 信 費	（　　　）		
旅 費 交 通 費	（　　　）		
消 耗 品 費	（　　　）		
減 価 償 却 費	（　　　）		
貸倒引当金繰入	（　　　）		
支 払 利 息	（　　　）		
法人税, 住民税及び事業税	（　　　）		
当 期 純 利 益	（　　　）		
	（　　　）		（　　　）

第7回　模擬試験問題・答案用紙

第一問

	仕　　　訳			
	借　方　科　目	金　　額	貸　方　科　目	金　　額
(1)				
(2)				
(3)				
(4)				
(5)				
(6)				
(7)				
(8)				

140

	仕		訳	
	借 方 科 目	金 額	貸 方 科 目	金 額
(9)				
(10)				
(11)				
(12)				
(13)				
(14)				
(15)				

第二問①

①	②	③	④	⑤	⑥
⑦	⑧	⑨	⑩	⑪	⑫

第二問②

	借　方　科　目	金　　額	貸　方　科　目	金　　額
(1)				

	借　方　科　目	金　　額	貸　方　科　目	金　　額
(2)				

	借　方　科　目	金　　額	貸　方　科　目	金　　額
(3)				

142

第三問

決算整理後残高試算表　　　　（単位：円）

借　　方	勘　定　科　目	貸　　方
	現　　　　　　　金	
	普　通　預　金	
	売　　掛　　金	
	繰　越　商　品	
	前　払　保　険　料	
	建　　　　　　　物	
	備　　　　　　　品	
	貸　倒　引　当　金	
	建物減価償却累計額	
	備品減価償却累計額	
	買　　掛　　金	
	前　　受　　金	
	未　払　消　費　税	
	未　払　法　人　税　等	
	前　受　家　賃	
	借　　入　　金	
	資　　本　　金	
	繰　越　利　益　剰　余　金	
	売　　　　　　上	
	受　取　家　賃	
	仕　　　　　　入	
	給　　　　　　料	
	旅　費　交　通　費	
	通　　信　　費	
	保　　険　　料	
	貸　倒　損　失	
	減　価　償　却　費	
	貸　倒　引　当　金　繰　入	
	雑　　　　　　損	
	支　払　利　息	
	法人税，住民税及び事業税	

当　期　純　利　益		円

第 8 回 模擬試験問題・答案用紙

第一問

	仕　　　訳			
	借　方　科　目	金　　額	貸　方　科　目	金　　額
(1)				
(2)				
(3)				
(4)				
(5)				
(6)				
(7)				
(8)				

	仕　　　　訳			
	借　方　科　目	金　　額	貸　方　科　目	金　　額
(9)				
(10)				
(11)				
(12)				
(13)				
(14)				
(15)				

第二問①

①	②	③	④
⑤	⑥	⑦	⑧

第二問②

①	②	③	④

第三問

貸 借 対 照 表 （単位：円）

資　産	金　額		負債及び純資産	金　額
現 金 預 金		（　　　　）	買 　 掛 　 金	（　　　　）
受 取 手 形	（　　　　）		前 　 受 　 金	（　　　　）
貸 倒 引 当 金	（△　　　）	（　　　　）	（　　　）収益	（　　　　）
売 　 掛 　 金	（　　　　）		借 　 入 　 金	（　　　　）
貸 倒 引 当 金	（△　　　）		（　　　）消費税	（　　　　）
商 　 　 　 品		（　　　　）	未 払 法 人 税 等	（　　　　）
（　　　）費用		（　　　　）	資 　 本 　 金	（　　　　）
貸 　 付 　 金		（　　　　）	繰越利益剰余金	（　　　　）
建 　 　 　 物	（　　　　）			
減価償却累計額	（△　　　）	（　　　　）		
備 　 　 　 品	（　　　　）			
減価償却累計額	（△　　　）	（　　　　）		
		（　　　　）		（　　　　）

損 益 計 算 書 （単位：円）

費　用	金　額	収　益	金　額
売 上 原 価	（　　　　）	売 　 上 　 高	（　　　　）
給 　 　 料	（　　　　）	受 取 家 賃	（　　　　）
保 　 険 　 料	（　　　　）	受 取 利 息	（　　　　）
通 　 信 　 費	（　　　　）		
旅 費 交 通 費	（　　　　）		
減 価 償 却 費	（　　　　）		
貸倒引当金繰入	（　　　　）		
貸 倒 損 失	（　　　　）		
支 払 利 息	（　　　　）		
法人税, 住民税及び事業税	（　　　　）		
当 期 純 利 益	（　　　　）		
	（　　　　）		（　　　　）

≪著者紹介≫

渡邉　圭（わたなべ　けい）

千葉商科大学基盤教育機構・准教授
簿記検定試験や税理士試験の合格を目指す千葉商科大学の「瑞穂会」で，学生から圧倒的な人気を誇るカリスマ先生。丁寧かつ学生目線の指導に定評がある。
瑞穂会は専門学校が主催する簿記の全国大会では優勝常連校として有名で，税理士試験（簿・財）でも全国平均を大きく上回る合格率を記録。これまで，多くの税理士等の会計専門家を輩出している。
主な著書に『レクチャー初級簿記（第2版）』（共著，2023年，中央経済社），『まるわかり！　税効果会計トレーニングブック』（共著，2015年，中央経済社）のほか，Webマガジンの「会計人コースWeb」等への寄稿も多数。
※千葉商科大学「瑞穂会」の活動と実績はこちら

日商簿記3級ハイパートレーニング
　―論点別問題＆模擬試験問題―

2023年3月30日　第1版第1刷発行

著　者　渡　邉　　　圭
発行者　山　本　　　継
発行所　㈱中　央　経　済　社
発売元　㈱中央経済グループ
　　　　　パブリッシング

〒101-0051　東京都千代田区神田神保町1-31-2
電話03（3293）3371（編集代表）
　　03（3293）3381（営業代表）
https://www.chuokeizai.co.jp
印刷／文唱堂印刷㈱
製本／誠　製　本　㈱

©2023
Printed in Japan